Sigrid Steiner

Existenzgründung in Paraguay

interna
Ihr persönlicher Experte

interna

Dieser Ratgeber wird digital produziert. Die laufende Einarbeitung von Änderungen und Ergänzungen garantiert stets optimale Aktualität und Rechtssicherheit.

VIB-Titelmeldung
Sigrid Steiner
Existenzgründung in Paraguay
ISBN 978-3-939397-66-3

Umschlaggestaltung: workstation GmbH, Bonn
Satz: KomZil, Bonn
Druck: interna, Bonn

Verlag interna GmbH
Auguststr. 1, 53229 Bonn
Tel.: 02 28 / 85 44 98-0, Fax: 02 28 / 85 44 98-20
www.verlag-interna.de
info@verlag-interna.de

Printed in Germany

Inhalt

Der Erfolg passiert im Kopf 5

Warum gerade Paraguay? 7

Wirtschaftsdaten Paraguay 48

Businessplan 56

Kontaktadressen 75

Tipps 81

Der Erfolg passiert im Kopf

Am Anfang steht die Idee. Bald darauf folgt meist schon der Gedanke, sich just mit dieser Idee selbstständig zu machen, eine Marktlücke zu füllen oder einfach nur im großen Strom der Mitbewerber mitzuschwimmen. Vielleicht wollen Sie aber auch bewusst gegen den Strom schwimmen.

Egal, worauf Ihre ganz persönliche Entscheidung basiert, der Erfolg passiert im Kopf. Wenn Sie ohne „Wenn“ und „Aber“ davon überzeugt sind, dass sich gerade Ihre Geschäftsidee durchsetzt, dann wird es auch so sein. Das Gesetz der Resonanz wirkt immer und überall!

Und damit haben Sie bereits den ersten und ganz entscheidenden Schritt zum erfolgreichen Unternehmer getan.

Dennoch muss Ihr Entschluss nun in die Tat umgesetzt werden. Dazu bedarf es einiger Vorbereitung. Um ein ausbaufähiges Fundament zu schaffen, ist es unerlässlich, dass Sie sich bereits im Vorfeld eingehend mit Ihrer künftigen Tätigkeit auseinandersetzen. Im Alleingang lässt sich das nicht immer zufriedenstellend bewältigen, weil einfach gewisse Erfahrungswerte fehlen – Grundwissen, das man sich erst aneignen muss. Und genau dabei will ich Ihnen helfen. Speziell, wenn es dabei um Ihre Existenzgründung in Paraguay geht. Sie wissen es ja ohnehin schon. Andere Länder, andere Sitten. Und ganz besonders in Südamerika weht in der Geschäftswelt zuweilen ein sehr rauer Wind, wenn man die ländlichen Gepflogenheiten nicht kennt, bzw. nicht bereit ist, sich darauf einzulassen. Das ist ein ganz entscheidender Punkt, den Sie sehr gut abwägen sollten, ehe Sie sich aufmachen, um im „gelobten Land“ Paraguay Fuß zu fassen. Damit es für Sie keine Stolpersteinrunde wird, wurde dieser Ratgeber geschrieben. Er informiert Sie sehr ausführlich und übersichtlich über alle Belange, die für Ihre Existenzgründung in diesem fremden Land wichtig sind – auch über ganz spezielle landestypische Ecken und Kanten.

Der Trend zum Auswandern ist nach wie vor ungebrochen. Tendenz steigend! Ganz besonders Paraguay rangiert aufgrund seiner Liberalität (in allen Lebensbereichen) auf der Liste der bevorzugten Auswanderungsländer ganz oben. Doch sollten Sie sich stets vor Augen halten, dass dieses Land in keiner Hinsicht mit Deutschland, Österreich oder der Schweiz zu vergleichen ist. Mag Ihnen Paraguay im Vergleich zu Europa auch auf den ersten Blick paradiesisch erscheinen, prüfen Sie dennoch genau, ob Sie mit der Mentalität der Menschen in Ihrer Wahlheimat auch langfristig gesehen zurechtkommen können. Ganz besonders dann, wenn Sie darauf angewiesen sind, sich dort eine Existenz aufzubauen, um damit Ihren Lebensunterhalt zu finanzieren.

Eine Entscheidung, die nicht ganz einfach zu treffen ist, wenn man Land und Leute nicht kennt und keine Gelegenheit hat, auch einmal einen Blick hinter die Kulissen zu werfen. Auf all diesen Grundlagen baut mein Existenzführer auf, und sein definiertes Ziel ist es, dass Sie, wenn Sie auf der letzten Seite angelangt sind, das Gefühl haben, eine ganze Menge wertvoller Informationen und Insiderwissen mit auf Ihren Weg in Ihr „neues" Leben nehmen zu können. Dann ist es mir gelungen, Paraguay so darzustellen, wie es wirklich ist, und Sie gut vorbereitet zu sehen.

Auch ich war vor einigen Jahren in der Situation, in der ich mir die Frage stellte: Soll ich, oder soll ich nicht...?! Ich wagte den Sprung ins kalte Wasser ohne besondere Vorbereitung, denn ein Werk, wie es Ihnen nun in dieser Form vorliegt, stand mir damals leider nicht zur Verfügung. Von der Summe meiner langjährigen Paraguay-Erfahrung können SIE heute nur profitieren.

Worauf es mir aber wirklich ankommt, ist, dass ich in diesem Ratgeber nichts schönreden möchte, wie es von so vielen anderen getan wird. Kaum jemand bleibt realistisch in seinen Schilderungen, sondern preist Paraguay sozusagen als den Garten Eden an. Dass es aber auch in Paraguay Schattenseiten gibt, wird offenbar stets vergessen.

Gut möglich also, dass Sie jetzt Dinge erfahren, die Ihnen völlig neu sind und die entscheidend dazu beitragen, herauszufinden, ob für Sie persönlich Paraguay auch wirklich das Land ist, in dem Sie sich langfristig eine neue Existenz aufbauen möchten.

Warum gerade Paraguay?

Diese Frage lässt sich relativ einfach beantworten. Paraguay bietet Ihnen all das, was Sie in Ihrer „alten“ Heimat nicht so ohne Weiteres haben können. So lässt sich das zumindest einmal auf den ersten Blick beurteilen, wenn man diverse Internetseiten besucht und nach einiger Zeit des Surfens völlig konsterniert feststellt, dass man in Deutschland ja eigentlich in seinen Möglichkeiten der Selbstverwirklichung beschränkt ist. Zumindest im Gegensatz zu den Alternativen, die sich einem in Paraguay auftun.

Ich werde Ihnen nun kurz aufzählen, warum es immer mehr Menschen geradewegs nach Paraguay zieht. Wenn Sie bei mehr als fünf genannten Vorteilen kompromisslos zustimmen müssen, dann sind Sie vermutlich bereits reisefertig, zumindest auf mentaler Ebene.

- geringe Lebenshaltungskosten
- minimale Steuerbelastung
- warmes Klima mit über 300 Sonnentagen im Jahr
- die überall spürbare Lebensfreude der Paraguayer
- hoher Prozentsatz europäischer Einwanderer
- niedrige Baukosten und Grundstückspreise (Immobilien)
- geringe Mietkosten und Abgaben
- eigenes Hauspersonal
- die Möglichkeit, völlig autark zu leben
- geringe Bevölkerungsdichte
- sehr unkomplizierte Einwanderungsbestimmungen
- naturverbundene und stressfreie Lebensweise
- nahezu Gewerbefreiheit ohne Qualifikationsnachweis
- gute Chancen für Ihre Existenzgründung
- niedriges Lohngefälle und geringe Produktionskosten
- ökologischer Reichtum und große Energiereserven
- deutschsprachige Zeitung
- allgemeine Ausländerfreundlichkeit
- deutsche Produzenten und Dienstleistungsbetriebe
- steuerfreies Übersiedlungsgut (auch gewerblicher Geräte oder Maschinen)
- gute Anbindung an die Nachbarstaaten
- keine Meldepflicht
- Führerschein ohne Prüfung
- gute Infrastruktur in den Städten
- unkomplizierte Firmengründung

Klingt doch alles sehr verlockend, nicht wahr? So oder so ähnlich wird auf unendlich vielen Internetseiten für Paraguay geworben. Aber wo viel Licht ist, da ist bekanntlich auch Schatten. Lassen Sie uns in der Folge gemeinsam etwas näher auf die einzelnen Punkte eingehen.

Geringe Lebenshaltungskosten

Es stimmt, so günstig wie in Paraguay finanzieren Sie Ihr Leben kaum irgendwo anders auf unserem Planeten, aber nur, sofern Sie bereit sind, sich den Lebensbedingungen der Einheimischen voll und ganz anzupassen.

Das bedeutet im Klartext, Sie essen auch bevorzugt Mandioka, Eintopfgerichte mit Bohnen oder sehr einfache Reisgerichte und das tagaus und tagein. Und das bedeutet auch, dass Sie nicht wie vom europäischen Standard her gewohnt Ihren Parkett- oder Fliesenboden pflegen, sondern täglich die rote Erde Ihrer wohnzimmerähnlichen Behausung mit dem selbst gebastelten Strohbesen fegen. Wobei Sie in Ihrer Behausung zusammengepfercht, weil da auch noch Tante und Uroma Platz finden müssen, vermutlich nur durch halbwegs stabile Wellblechwände vor Wind und Wetter geschützt werden. Nun mal ehrlich, das klingt schon nicht mehr so reizvoll, oder?

Aber so sieht der Alltag vieler paraguayischer Bürger real betrachtet aus. Sehr viele Menschen leben weit unter der Armutsgrenze und können ihren Unterhalt nur durch eisernen Zusammenhalt innerhalb der eigenen Sippe halbwegs gesichert sehen. Was natürlich Leben auf engstem Raum bedeutet.

Während in Europa monatlich ein Fixbetrag in die sogenannte Pensionsvorsorge fließt, investieren die Paraguayer in ihre eigene Fortpflanzung. Sprich, die beste Altersvorsorge der Paraguayer sind ihre zahlreichen Kinder, die sie in die Welt setzen, denn sie sind es, die später für die Alten sorgen und somit deren Existenz sichern.

Geht man aber davon aus, dass Sie als Europäer einen anderen Lebensstandard gewohnt sind und diesen wohl weitgehend auch in Paraguay aufrechterhalten wollen, so sieht es mit den geringen Lebenshaltungskosten schon etwas anders aus. Natürlich liegen die heimischen Lebensmittelpreise deutlich unter dem deutschen Niveau. Es werden aber auch sehr viele Produkte, die wir aus unserer alten Heimat kennen und schätzen, nach Paraguay importiert, und diese kosten dann zum Teil oft wesentlich mehr als in Deutschland.

Es kommt also immer darauf an, wie Sie zu leben beabsichtigen. Danach richtet sich selbstverständlich dann auch die Höhe Ihrer persönlichen Lebenshaltungskosten. Im Allgemeinen aber kann man sagen, dass, wenn Sie den europäischen Standard beibehalten, auch in Paraguay die Aufwendungen für Ihren Lebensunterhalt nur geringfügig weniger zu Buche schlagen als in Deutschland.

Oder aber Sie verzichten auf das eine oder andere und können unterm Strich trotzdem noch gut leben, z. B. von der Rente, die Ihnen aus Deutschland nachgesendet wird und mit der Sie dort Ihr Auskommen nur noch sehr schwer finden konnten.

Minimale Steuerbelastung

In Paraguay brauchen Sie den Fiskus nicht zu fürchten. Sie können auch als Privatperson viele Ausgaben steuerlich geltend machen. Gewerbetreibende unterliegen einer 10%igen Gewinnsteuer. Der normale Mehrwertsteuersatz wird ebenfalls mit nur 10 % bemessen. Das war es dann in punkto Steuern eigentlich schon. Ein Doppelbesteuerungsabkommen mit Deutschland existiert nicht.

Wovon allerdings nur selten offiziell gesprochen wird, sind die allseits beliebten und erwarteten Schmiergelder. Ob es nun die kleine Sekretärin im Vorzimmer des Herrn Ministers ist, die Ihnen je nach Höhe des Obolus eine frühere oder eben spätere Audienz bei ihrem Chef einrichtet, oder ob es sich dabei um den mürrischen Zollbeamten handelt, der die Abfertigung Ihres Übersiedlungsgutes in Händen hält. Ganz egal, die Hierarchie spielt hierzulande eine nur untergeordnete Rolle. Ganz Paraguay ist ein riesiges Getriebe, das nur dann funktioniert, wenn es gut geschmiert wird. Versuchen Sie gar nicht erst, sich gegen dieses ungeschriebene Gesetz aufzulehnen. Wenn Sie meinen, damit auf Dauer nicht zurechtzukommen, können Sie den Gedanken, in Paraguay Fuß zu fassen, auch genauso gut gleich wieder begraben. Dann ist Paraguay ganz bestimmt nicht das Land, in dem Sie glücklich werden. Auf das Thema Korruption werde ich aber später noch einmal ausführlich zurückkommen.

Warmes Klima mit über 300 Sonnentagen im Jahr

Herrlich, werden viele denken, meine armen Knochen werden es mir danken. Stimmt. Einen Winter mit frostigen Temperaturen jenseits der Null-Grad-Grenze kennt man in Paraguay nicht. Während des paraguayischen Winters, der im

Monat Juli seinen Höhepunkt erreicht, fallen die Temperaturen tagsüber auf etwa +10° C bis +15° C ab. Nachts kann das Thermometer in bestimmten Regionen des Landes kurzfristig auch mal auf null Grad sinken.

In den paraguayischen Sommermonaten aber werden oft Spitzentemperaturen von bis zu +45° C Grad gemessen und das bei etwa 90%iger Luftfeuchtigkeit. Auch das ist nicht jedermanns Sache. Zumal man es als Europäer in unklimatisierten Räumen nicht lange aushält. Geht man zu seinem Broterwerb vielleicht auch noch einer körperlich anstrengenden Tätigkeit nach, ist die Klimaanlage nicht wegzudenken. In sehr heißen Nächten ebenso wenig. Was also in Europa die Heizkosten ausmachen, sind in Paraguay die Stromkosten.

Kommt man aber mit den hohen Temperaturen gut zurecht, so lachen einem wirklich über 300 Sonnentage im Jahr, und das Leben findet zum Großteil Tag und Nacht auf der Straße statt. Zumindest die Einheimischen handhaben das so. Nach Feierabend sitzen Sie allesamt vor ihren Häusern oder Hütten, tragen sogar den Fernseher nach draußen und schwatzen, trinken und feiern bis spät in die Nacht.

Die überall spürbare Lebensfreude der Paraguayer

Auch wenn so viele Paraguayer am Existenzminimum oder auch weit darunter leben, so tut das ihrer Lebensfreude keinen Abbruch. Sie werden nur sehr selten einem schlecht gelaunten Paraguayer begegnen.

Das Volk ist sehr neugierig, was vermutlich auch ein Grund für die spürbare Offenheit uns Europäern gegenüber ist. Wo ich auch hinkam in Paraguay, ich wurde überall sehr freundlich empfangen. Aus der wohl angeborenen Neugierde wird allerdings auch kein Hehl gemacht. Wundern Sie sich also nicht über sehr direkte Fragestellungen. Das gehört zur Mentalität dieser durchaus liebenswürdigen Menschen.

Statussymbole sind den Paraguayern sehr wichtig. Besitz, und ist er auch noch so klein, wird überall hergezeigt. Das Schöne daran ist, dass keiner dem anderen etwas neidet und sich wirklich alle von Herzen miteinander freuen.

Und so gibt es eigentlich auch immer einen Grund, etwas zu feiern, was sich mitunter zu tagelangen Fiestas ausdehnt. Fragt dann irgendwann mal jemand, was eigentlich der Anlass dieser oder jener Fiesta war, so kratzen sich alle nachdenklich am Kopf, denn es will keinem mehr so recht einfallen.

Ein Lebensgefühl, über das es durchaus einmal nachzudenken lohnt...!

Hoher Prozentsatz europäischer Einwanderer

Mittlerweile sind es wirklich viele Europäer, die sich in Paraguay niedergelassen haben und auch geblieben sind. Sogenannte Heimkehrer gab es natürlich auch zahlreiche. Denn wer es zu Hause in Deutschland, Österreich oder der Schweiz zu nichts gebracht hat, dem werden auch in Paraguay nicht die gebratenen Tauben in den Mund fliegen.

Aber die, die geblieben sind, zumindest die meisten von Ihnen, haben sich gut etabliert. Viele betreiben ihr Handwerk aus der alten Heimat auch hier in Paraguay weiter und haben sich in Berufen wie Bäcker, Metzger, Farmer oder auch in der Gastronomie einen Namen gemacht und vor allem eine solide Existenz geschaffen. Zur Freude der vielen anderen Europäer, die dadurch nicht auf die geliebte Bratwurst oder das leckere Brötchen vom „deutschen Bäcker" verzichten müssen. Aber auch einige Bauunternehmer haben sich in Paraguay eine neue Existenz aufgebaut und dürfen hier nun endlich ihrer Kreativität freien Lauf lassen. Paraguay bietet zahlreiche Möglichkeiten, sich eine fundierte Existenz zu schaffen, wenn man sich nur richtig darauf vorbereitet.

Leider gibt es unter den Einwanderern auch immer wieder eine ganze Menge schwarzer Schafe, die dann die mühevolle Aufbauarbeit redlicher Geschäftsleute in Misskredit bringen. Schuld daran sind mit Sicherheit die (noch) sehr einfachen Einwanderungsbedingungen, die es auch Leuten ermöglichen, die in ihrer alten Heimat straffällig geworden sind, in Paraguay sehr einfach und sicher unterzutauchen. Nicht selten handelt es sich dabei um Kapitalverbrecher, die oftmals mit nicht unbeträchtlichen Geldbeträgen ins Land kommen, große Investitionen tätigen, wodurch wieder Arbeitsplätze geschaffen werden. und die sich ihren künftigen Status somit regelrecht erkaufen.

Oder aber es ist nur der Nachbar von nebenan, der einfach keine Lust mehr hatte, noch weitere 15 Jahre seiner Alimentationspflicht für drei Kinder nachzukommen, und in diesem Fall lieber in Paraguay untertaucht. Schafft er es dann auch hier nicht, sich mit den wenigen Mitteln, die er mitgebracht hat, über Wasser zu halten, so hilft nur noch eines: Mama anrufen und um ein Rückflugticket bitten.

Dazwischen liegen dann noch die Kleinbetrüger, die wegen irgendwelcher Delikte in der alten Heimat gesucht werden und die sich dafür entschieden haben, sich statt gesiebter Luft in Deutschland lieber die Sonne Paraguays auf den Pelz scheinen zu lassen. Das sind leider auch die Gefährlichsten. Denn schon bald geht ihnen das wenige, vor der Flucht noch ergaunerte Geld aus, und dann geht es im altbewährten Betrugsmuster in Paraguay weiter. Der einzige Unterschied ist die geografische Verlagerung ihrer Aktivitäten.

Diese Leute schaffen es meist überraschend schnell, mit den landesüblichen Gepflogenheiten vertraut zu werden, so dass dann stets vertrauensvolle Neuankömmlinge zu ihren potenziellen Opfern gehören. Eben jene, die nicht Bescheid wissen, worauf zu achten ist, und die sich in der Obhut eines Landsmannes gut aufgehoben glauben. Ein Teufelskreis!

Nun ja, Sie werden es sicher schon bemerkt haben: In Paraguay treffen Sie auf sehr gemischtes Publikum, speziell, was Europäer angeht.

Meine persönliche Erfahrung? Suche Deine Freunde unter den Paraguayern und meide allzu intensive Kontakte zu den eigenen Landsleuten. Traurig – aber die einzige Möglichkeit!

Niedrige Baukosten und Grundstückspreise (Immobilien)

Sie haben schon immer davon geträumt, sich eine halbe Akropolis zu bauen, oder doch eher den Traumbungalow mit der Wasserrutsche, die Sie direkt von Ihrem Bett in den Swimmingpool befördert? Wegen der allseits empfohlenen Morgengymnastik natürlich. Was auch immer Sie beflügelt: In Paraguay sind Ihrer Fantasie keine Grenzen gesetzt. Niemand anderer tut das als Sie selbst. Kaufen Sie sich ein Grundstück und bauen Sie einfach, was immer Ihr Herz begehrt und Ihre Brieftasche zulässt. Niemand wird Sie aufhalten oder Ihnen irgendwelche Vorschriften machen.

Die Grundstückspreise sind gegenüber Deutschland (noch immer) sehr günstig, und je nach Region können Sie wirkliche Schnäppchen machen. Besonders dann, wenn Sie sich unter den Einheimischen verständigen können und nicht auf die Dienste eines Immobilienmaklers angewiesen sind.

Dennoch sollten Sie beim Erwerb eines Grundstücks Folgendes beachten: In Paraguay werden zwei Arten von Grundstücken zum Kauf angeboten. Jene, die im Grundbuch erfasst sind, und andere nicht vermessene und nicht registrierte Objekte.

Vom Erwerb von nicht im amtlichen Grundbuch eingetragenen Grundstücken ist in jedem Fall abzuraten, weil Sie einfach nicht sicher sein können, dass Sie nach der Kaufabwicklung auch der tatsächliche und rechtmäßige Besitzer sind. Außerdem wurde für solches Land auch nie Grundsteuer abgeführt (jährlich ca. 1 USD pro ha), was nachträglich zu Problemen führen kann.

Halten Sie sich also lieber an Grundstücke, die grundbuchamtlich erfasst sind, und schließen Sie mit dem Verkäufer einen schriftlichen Kaufvertrag vor einem Notar. Bei Vertragsabschluss ist es üblich, etwa 10 % des Kaufpreises als Anzahlung zu leisten. Der Notar erledigt dann die weiteren Formalitäten und erhält vom Grundbuchamt das sogenannte „Informe“, das darüber Auskunft gibt, ob das Objekt in irgendeiner Form belastet ist (Steuerschulden, unklare Besitzverhältnisse, Hypotheken, Altlasten etc.). Lassen sich diese Dinge ausschließen, kann das Grundstück urkundlich auf den neuen Besitzer übertragen werden. Zum Zeitpunkt der Überschreibung vor dem Notar wird dann auch die restliche Kaufsumme fällig.

Wichtig! Achten Sie darauf, dass Sie mit einem seriösen und zuverlässigen Notar zusammenarbeiten, dessen Firmenschild auch nach Vertragsabschluss noch an der Hausmauer hängt!

Sollten Sie selbst vom Baugewerbe nichts verstehen, so gibt es in Paraguay durchaus fähige Bauunternehmer, die Ihre Idee in die Tat umsetzen. Ob Sie sich dabei für einen einheimischen Baumeister entscheiden oder eher einen europäischen, obliegt wieder einmal Ihrem eigenen Gespür. Sie müssen selbst herausfinden, mit wem Sie es dabei zu tun haben.

Entscheiden Sie sich für die Dienste eines paraguayischen Geschäftsmannes, so müssen Sie in jedem Fall bei den terminlichen Vereinbarungen Abstriche machen. Wenn Ihnen der Bauherr verspricht, dass Ihr Traumhaus in einem halben Jahr bezugsfertig ist, so geben Sie im Stillen noch einmal dieselbe Zeit dazu und es ist realistisch.

Termingeschäfte in Paraguay sind eine sehr unzuverlässige Angelegenheit. Es liegt zwar nicht in der Absicht des jeweiligen Unternehmers, wohl aber an seiner Mentalität. Nichts, aber auch gar nichts kann einem paraguayischen Landsmann so wichtig sein, als dass er es just „heute“ noch erledigen müsste. Die Lieblingsparole der Paraguayer: No hay problema, manana (kein Problem, morgen).

Entscheiden Sie sich aber für einen europäischen Baumeister, der wiederum unter die Kategorie „Landsmann“ fällt, gilt es vor Auftragserteilung sorgfältig zu prüfen, mit wem Sie es zu tun haben. Was anhand von entsprechenden Referenzen ja keine besondere Schwierigkeit sein sollte.

In jedem Fall haben Sie in Paraguay die Möglichkeit, sich Ihr ganz persönliches Traumhaus zu bauen, ohne Wenn und Aber!

Geringe Mietkosten und Abgaben

Sie wollen Paraguay erst etwas näher beäugen? Sozusagen „Probe-Leben". bevor Sie investieren. Gut! Vielleicht ein sehr weiser Entschluss. Dann werden Sie für die erste Zeit mit einem Mietobjekt gut bedient sein. Rund um die Hauptstadt Asunción gibt es zahlreiche Objekte in allen Größenordnungen und Preisklassen.

Wenn Sie der spanischen Sprache mächtig sind, schauen Sie in Tageszeitungen, z. B. Ultima Hora oder ABC, dort finden Sie unter der Rubrik „Classificados" eine ganze Menge Angebote. Aber auch wenn Sie die Landessprache (noch) nicht sprechen, stehen Ihnen als Medium das Internet oder die in Asunción redaktionell ansässige deutschsprachige Zeitung „Aktuelle Rundschau" zur Verfügung. Die besten Angebote erfahren Sie meist von Einheimischen, nämlich jene, die auch preislich akzeptabel sind. Fragen Sie einfach!

Die Alternative sind Immobilienmakler, die Ihnen allerorts zur Verfügung stehen und die geduldig jedes für Sie infrage kommende Objekt mit Ihnen abklappern. Tagelang und unermüdlich! Eine durchaus bequeme Lösung, zumal Sie vielleicht anfangs noch nicht mobil sind. Dieser Service ist für Sie als Kunde kostenlos. Erst wenn Sie sich für ein Haus oder eine Wohnung entscheiden, fällt Provision an (ca. 5 %).

Worauf sollten Sie achten? Wiederum eine Frage Ihrer Sprachkenntnisse. Die Mietverträge werden in Spanisch abgeschlossen, und ehe Sie unterschreiben, sollten Sie zumindest inhaltlich wissen, was genau Sie mit Ihrem Vermieter vereinbaren. Sonst kann es im Nachhinein zu bösen Überraschungen kommen. Am Besten lassen Sie sich den Mietvertrag übersetzen. Aber bitte von keinem deutschen „Landsmann", der Ihnen treuherzig seine Dienste anbietet, weil er ja die Landessitten durch seinen langjährigen Aufenthalt in Paraguay schon so gut kennt. Gehen Sie in ein Übersetzungsbüro. Dort erledigt man das für Sie gegen eine geringe Gebühr gewissenhaft, und Sie wissen, woran Sie sind.

Eine Besonderheit bei Wohnprojekten in Paraguay ist die weitverbreitete Selbstschutzmethode, die darauf basiert, dass Bewohner um Ihre Grundstücke fast immer eine relativ hohe Mauer errichten. Um ungebetene Gäste abzuhalten, werden am oberen Rand der Mauer große Glasscherben einbetoniert, die bedrohlich gen Himmel ragen. Etwas gewöhnungsbedürftig. und wenn man es zum ersten Mal sieht, kommen eigene Gedanken auf!

Übersicht: Durchschnittliche Kosten einer Unterkunft auf Mietbasis

Wohnung	**Gs.**	**USD**
Asunción Zentrum		
3 Zimmer	750.000 - 1.800.000	149,64 - 359,14
4 Zimmer	1.000.000 - 2.500.000	199,52 - 498,80
Asunción gehobene Wohngegend		
3 Zimmer	700.000 - 1.750.000	139,66 - 349,16
4 Zimmer	2.000.000 - 4.000.000	399,04 - 798,08
Häuser		
Asunción Zentrum		
3 Zimmer	800.000 - 1.500.000	159,62 - 299,28
4 Zimmer	1.500.000 - 2.500.000	299,28 - 498,80
Asunción gehobene Wohngegend		
3 Zimmer	2.000.000 - 4.000.000	399,04 - 798,08
4 Zimmer	2.500.000 - 7.000.000	498,80 - 1.396,64

* Die angeführten Preise beziehen sich auf Mietobjekte im Zentrum von Asunción (Stand: März 2009)
Quelle: div. Angebote in Tageszeitungen

Die angeführten Mietpreise sind stets von Lage und Ausstattung abhängig. In Paraguay sind Mietobjekte fast immer voll möbliert und in vielen Fällen steht Ihnen auch ein eigener Swimmingpool zur Verfügung.

Übersicht: Monatliche Ausgaben für Müllentsorgung in Gs.

	Asunción	Großraum Asunción	Ciudad del Este	Encar-nación
Privat-haushalt	6.156 + 1,57/Tag	16.025	25.000	88 Gs./m²
Industrie	17.463 + 4,47/Tag	255.438	600.000	209 Gs./m²

Übersicht: Anschlussgebühren für die Stromzufuhr

Kategorie	Gs.*	USD*
Privat	684.245	136,52
Industrie	1.045.625	208,62
Gewerbe	1.101.115	219,70

* inkl. Kaution

Übersicht Stromtarife

	Niedrige Stromspannung		
Kategorie	**Mtl. Verbrauch KW/h**	**Gs./ KW/h**	**USD/ KW/h**
Privat	1 - 50	311,55	0,06
	51 - 150	349,89	0,07
	über 150	365,45	0,07
Industrie	1 - 50	225,18	0,04
	51 - 500	252,87	0,05
	über 500	296,56	0,06
Gewerbe	1 - 50	332,10	0,07
	über 50	389,57	0,08

	Mittlere Stromspannung		
Kategorie	**Gs. KW/h**	**USD/ KW/h**	
Privat	256,65	0,05	
Industrie	208,99	0,04	
Gewerbe	298,16	0,06	

Übersicht Stromtarife

Hohe bis sehr hohe Stromspannung			
Hohe Spannung	**Gs.**	**USD**	**Maßeinheit**
Horario de punta*	71.275	14,22	KW/mtl.
Feura Horario de punta**	32.080	6,40	KW/mtl.
Strom	57,12	0,01	KW/h
Sehr hohe Spannung	**Gs.**	**USD**	**Maßeinheit**
Horario de punta*	51.649	10,31	KW/mtl.
Feura Horario de punta**	13.977	2,79	KW/mtl.
Strom	47,91	0,01	KW/h

* in der Zeit von 18:00 - 22.00 Uhr (Winterzeit: 17:00 - 21:00 Uhr)
** in der Zeit von 22:00 - 18:00 Uhr (Winterzeit: 21:00 - 17:00 Uhr)
Anmerkung: Private Stromkunden dürfen bei der Nutzung von niedriger Stromspannung 75 KW/h monatlich nicht überschreiten, sonst erfolgt eine 75%ige Anhebung des Grundtarifs.
Quelle: ANDE

Übersicht: Trinkwassertarife

Kategorie	Grundgebühr Gs.	Grundgebühr USD		Verbrauch	Gs.	USD
Privathaushalt	5.405	1,08		1 - 15 m³	1.606	0,32
				16 - 40 m³	1.606	0,32
				über 40 m³	1.767	0,35

	Grundgebühr + Verbrauch Gs. Asunción	Ciudad d.E.	Encarnación	USD Asunción	Ciudad d.Este	Encarnación
Gewerblich	21.310	22.800	27.500	4,25	4,55	5,49
Verbrauch/m³	1.737	2.111	1.833	0,35	0,42	0,37

Quelle: ERSSAN

Eigenes Hauspersonal

Purer Luxus, werden Sie denken. Doch in Paraguay verhält sich das anders. Wie so vieles. Kaum ein Europäer, der hierzulande ohne eigenes Hauspersonal lebt. Eine Annehmlichkeit, die sich in Deutschland nicht jeder leisten kann.

Stellen Sie sich vor, Sie kommen nach einem arbeitsreichen Tag nach Hause, und Ihre „Empleada" (Hausmädchen) erwartet Sie mit einem leckeren Abendessen. Sie brauchen sich nur noch an den gedeckten Tisch zu setzen und zu essen. Den Abwasch erledigt die gute Seele dann auch noch. Und überhaupt sorgt sie für Ordnung im ganzen Haus (Wohnung), wäscht und bügelt Ihre Wäsche, schrubbt die Böden, putzt die Fenster, versorgt Ihren Nachwuchs und ist ganz einfach der gute Geist des Hauses. Nachmittags, wenn Sie an Ihrer eigenen Poolbar sitzen, serviert Sie Ihnen ganz selbstverständlich Kaffee. So ist das hier im Garten Eden.

Und der Gärtner? Ja, natürlich kommt auch der zweimal pro Woche, reinigt den Pool, pflegt Ihren tropischen Garten und sieht nach dem Rechten.

Und wenn Sie totale Sicherheit wollen, werden Sie auch noch einen Wachmann einstellen, der Ihr Allerheiligstes mit Argusaugen bewacht.

Das alles kann man sich in Paraguay leisten und es ist ein deutliches Statussymbol. Aber nicht nur Europäer gönnen sich diese Annehmlichkeiten, auch die paraguayische Oberschicht zählt Hauspersonal zum Standard.

Nun werden Sie vielleicht sagen, das man es mögen muss, ständig jemanden um sich zu haben, der noch dazu Zugang zu persönlichen Dingen hat. Ja, richtig, mein Fall war es anfangs auch nicht, aber glauben Sie mir, wenn Sie eine tüchtige und vertrauenswürdige Empleada finden, gewöhnen Sie sich sehr schnell daran. Meist wird Hauspersonal auf Empfehlung vermittelt, und das klappt dann eigentlich immer recht gut.

Viele Häuser verfügen bereits über einen eigenen Personalbereich, ein kleines Appartement im Anbau mit eigenem Eingang. Meistens ist es üblich, dass die „Empleada" Kost und Logis frei hat.

„Und wer soll das alles bezahlen?", werden Sie nun fragen. Schauen Sie mal:

Übersicht: Monatliche Kosten für Hauspersonal in Asunción

Personal	Gs.	USD
Hausmädchen*	500.000	99,76
Kindermädchen	400.000	79,81
Wachpersonal**	2.447.500	488,00

* inkl. Kinderbetreuung, Kost und Logis

** Die angeführten Kosten dienen als Richtwert für Sicherheitspersonal mit einer täglichen Arbeitszeit von 12 Stunden und sind abhängig von den jeweiligen Bedürfnissen (Tag- oder Nachtarbeit, Privathaushalt od. Gebäudebewachung etc.).

Quelle: div. Vermittlungsagenturen

Sie sehen also, dass Sie anhand dieser geringen Kosten in Paraguay ein recht bequemes Leben erwartet.

Die Möglichkeit, völlig autark zu leben

Sie wollen von dem ganzen Stress, den so ein Alltagsleben in unserer Gesellschaft mit sich bringt, weg? Einmal völlig zurückgezogen leben? Wenn das Ihr ganz persönlicher Traum ist, so bietet Ihnen Paraguay auch dazu die Möglichkeit.

Fruchtbarer Boden, saftige Weiden, der eigene Brunnen und das Stromaggregat machen es möglich, auch mitten in Paraguays Pampa völlig unabhängig zu leben. Sozusagen als Selbstversorger mit der eigenen kleinen Farm.

Das kann sogar durchaus spannend sein, wenn es einem nichts ausmacht, dass das Erreichen der nächsten Stadt oft stundenlange Autofahrten erfordert und die Wege nach starken Regenfällen tagelang unpassierbar sind. Guter Gesundheit sollten Sie sich bei einer solchen Entscheidung allerdings schon erfreuen. Denn einen Arzt werden Sie in der Abgeschiedenheit und im Ernstfall so schnell nicht finden. Auch der kinderlose Status ist Vorraussetzung für ein solches Leben in der Wildnis.

Der Fall eines deutschen Auswanderers ist mir bekannt. Er kam vor vielen Jahren nach Paraguay und kaufte viele Hektar Land im Süden Paraguays. Man musste stundenlang mit einem Jeep durch Wälder fahren, ehe man endlich da war. Dann aber traute man kaum seinen Augen. Der Mann hatte etwas bewegt. Wo einst Busch und unwegsames Gelände war, lag nun ein kleines Dorf mit zahlreichen Bungalows, einem Herrschaftsgebäude, und sogar ein kleiner Wachturm mit installiertem Posten zierte den Einfahrtsbereich. Ein fast unwirkliches Szenario.

Was nun? Wer lebte hier so völlig zurückgezogen und von der Außenwelt isoliert? Es war fast wie erwartet. Das Ganze entpuppte sich bei genauer Betrachtung als Domizil für Untergetauchte. Leute, die in Deutschland, Österreich oder der Schweiz straffällig geworden waren und ein Leben in der Pampa dem Gefängnisvollzug zu Hause vorzogen. Nun ja, auch das ist in Paraguay möglich.

Aber man muss es ja nicht gleich so extrem angehen. Es gibt auch stadtnahe Gebiete, wo man sich gut zurückziehen kann und dennoch bei Bedarf an das öffentliche Netz angebunden ist.

Nimmt man z. B. West- und Ost-Paraguay, so haben diese beiden Landesteile sowohl klimatisch als auch hinsichtlich der Infrastruktur nichts gemeinsam.

Der gesamte Chaco ist flächenmäßig etwa so groß wie die ehemalige DDR und nur von ca. 3 % der Bevölkerung Paraguays besiedelt. Obwohl der Boden dieses Landesteils als sehr fruchtbar gilt, so mangelt es dennoch an ausreichender Bewässerung, da unter der Humusschicht eine ziemlich wasserundurchlässige Lehmschicht liegt und das Grundwasser stark salzhaltig ist. Betreibt man also z. B. im Chaco eine Rinderzucht, benötigt man pro Tier etwa eine Weidefläche von 2 ha! Dieser Umstand relativiert dann auch wieder die günstigen Grundstückspreise in dieser Region.

Geringe Bevölkerungsdichte

Paraguay ist ein flächenmäßig großes Land. Im Durchschnitt kommen auf den Quadratkilometer gerade einmal 15 Einwohner. Fasst man Deutschland und die Schweiz flächenmäßig zusammen, kann man sich ungefähr die Größe Paraguays vorstellen.

Es ist also nicht so wie vielerorts in Deutschland, dass man Gefahr läuft, dass einem der Nachbar direkt in die Suppenschüssel guckt. Freiraum ist garantiert!

Sehr unkomplizierte Einwanderungsbestimmungen

Liberal sind sie wirklich (noch) – die Einwanderungsbestimmungen in Paraguay. Jeder ist herzlich willkommen, und Neuankömmlinge werden nur in den seltensten Fällen überprüft. Da muss es schon einen ganz konkreten Hinweis geben. Aber auch das soll sich in den nächsten Jahren ändern, glaubt man den Stimmen der Regierung.

So, nun sind Sie endlich in Ihrer neuen Wahlheimat gelandet und wollen jetzt Ihren legalen Aufenthalt im Land dokumentiert wissen. Sofern Sie sesshaft und geschäftlich tätig werden wollen, ist das erforderlich. Wollen Sie dagegen als sogenanntes U-Boot leben, so ist auch das in Paraguay möglich, aber nicht unbedingt ratsam, denn bei einem Regierungswechsel könnte es wieder einmal eine größere Selektion geben, und da wären Sie dann ziemlich sicher betroffen.

Aber gehen wir hier einmal davon aus, dass Sie sich in Paraguay eine solide Existenz aufbauen wollen und dazu Ihre offizielle Aufenthaltserlaubnis auf normalem Weg anstreben. Es gibt da nämlich mehrere Varianten der Beschaffung:

1. Sie nehmen alles selbst in die Hand (vorausgesetzt, Sie beherrschen die spanische Sprache) und werden bei der Migración (Einwanderungsbehörde) in Asunción mit allen verlangten Dokumenten vorstellig. Mit Sicherheit der kostengünstigste Weg, aber unter Umständen auch ein recht nervtötender und langwieriger Prozess. Das Ergebnis Ihrer Bemühungen hängt ganz und gar von Ihrem persönlichen Verhandlungsgeschick und nicht zuletzt von Ihrem Fingerspitzengefühl ab.
2. Sie wollen sich das ganze Prozedere ersparen, sprechen auch kein Spanisch und wollen einfach nur so rasch wie möglich Ihre Aufenthaltsbewilligung in Händen halten. Dann sind Sie auf die Dienste sogenannter „Einwanderungsspezialisten“, deren Büros in den letzten Jahren in und um Asunción wie Pilze aus dem Boden schossen, angewiesen. Gegen ein entsprechendes Entgelt erledigt man für Sie sämtliche Formalitäten und händigt Ihnen am Ende Ihre Papiere aus. Alles eine reine Kostenfrage.
3. Die dritte Möglichkeit sollten Sie von vorneherein auslassen. Nachdem es in Paraguay sehr viele verkrachte (deutsche) Existenzen gibt, haben es sich speziell diese Leute zur Angewohnheit gemacht, Neuankömmlinge bereits am Flughafen „abzufangen“, um ihnen mit ihren Diensten hilfreich zur Seite zu stehen. Vergessen Sie es ganz einfach. Auch wenn die genannten Kosten wesentlich niedriger sind als in einem etablierten Büro in Asunción. Sie

werden den Kerl meistens nur so lange als treuen Berater an Ihrer Seite haben, solange Sie für ihn ein potenzielles Opfer darstellen, das man immer wieder um Kleinbeträge anpumpen kann, weil eben alles in Paraguay „extra" kostet.

Nicht selten findet die erste Kontaktaufnahme bereits über das Internet statt, während Sie sich noch in Ihrer alten Heimat auf den Umzug vorbereiten und nur im Netz surfen und versuchen, Kontakte zu knüpfen. Gut getarnt als seriöse Immobilien- und Paraguaykenner werben diese Leute speziell im Internet um Kunden.

Und seien wir doch mal ehrlich, wer hätte nicht gerne eine helfende und vor allem ortskundige Hand, die er beim Start ins neue Leben dankbar ergreifen kann?

Natürlich darf man nicht alle „Anbieter" über einen Kamm scheren, doch hier die Spreu vom Weizen zu trennen, ist wirklich sehr schwierig.

Nachstehende Übersicht vergegenwärtigt Ihnen die derzeit aktuellen offiziellen Gebühren für das begehrte Dokument:

Dauerhafte Aufenthaltsgenehmigung	Residencia permanente	Gs. 406.600	USD 81,13
Befristete Aufenthaltsgenehmigung	Residencia temporaria	Gs. 365.940	USD 73,81

Quelle: Direccíon General de Migraciones (DGM)

Nun ja, wie bereits erwähnt, sind das die „offiziellen" Gebühren, mit denen die Kosten der Ausstellung der Aufenthaltsgenehmigung eigentlich abgegolten sein müssten. Die Praxis sieht leider wieder einmal etwas anders aus. Damit sich bei dieser Behörde auch wirklich etwas bewegt, bedarf es wie immer und überall auch hier der berühmten Schmierung, damit das Getriebe nicht ins Stocken gerät und Sie, weil Ihr Antrag „leider nicht mehr aufgefunden werden kann" oder weil er aus unerklärlichen Gründen noch nicht bearbeitet wurde, nicht in der ewigen Warteschleife hängen bleiben.

Sieht man es realistisch, verdreifacht sich der oben genannte Betrag, um einigermaßen unproblematisch ans Ziel zu gelangen.

Nun wissen das natürlich auch die „Einwanderungsspezialisten", und ein Großteil ihrer Arbeit besteht wohl nicht in der Abwicklung von behördlichen Formalitäten, sondern eher im geschickten Netzwerkaufbau. Nach dem Motto

„eine Hand wäscht die andere“ werden einschlägige Beziehungen mit Mitarbeitern der Behörde aufgebaut. Und diese Kooperation der Prozessbeschleunigung läuft mittlerweile perfekt. Wird dem kleinen Beamten dadurch doch ein bedeutend höherer Lebensstandard garantiert. Natürlich spielt dabei nicht Qualität, sondern Quantität die entscheidende und den Preis senkende Rolle.

Wie auch immer Sie es anstellen, so günstig wie es eigentlich sein sollte, werden Sie leider in den seltensten Fällen wegkommen.

Ich kann Ihnen an dieser Stelle einen seriösen Kontakt nennen, der mir seit vielen Jahren persönlich bekannt ist und dessen Arbeitsweise und Unterstützung bei Einwanderungsbelangen unter einem redlichen Motiv steht. Die Firma begleitet Sie von A - Z durch den paraguayischen Behördendschungel und unterscheidet sich im Preis-Leistungsverhältnis deutlich von anderen Anbietern. Nicht, dass ich hier Werbung machen möchte, aber ich denke, dass ein seriöser Ansprechpartner in Paraguay sehr hilfreich sein kann.

Für die Beantragung der Daueraufenthaltserlaubnis benötigen Sie nachstehende Dokumente:

- gültiger Reisepass (bei Einreise noch mindestens sechs Monate gültig)
- Geburtsurkunde
- polizeiliches Führungszeugnis (nicht älter als drei Monate – falls vorhanden)
- Heirats- bzw. Scheidungsurkunde (falls vorhanden)
- Rentennachweis (falls vorhanden)
- Gesundheitsnachweis (die Untersuchungen werden in Paraguay durchgeführt)
- Investitions- und/oder Kapitalnachweis (5.000 USD)

Geburtsurkunde, Führungszeugnis und Heirats- bzw. Scheidungsurkunde müssen vom zuständigen paraguayischen Generalkonsulat im Heimatland (z. B. Botschaft in Berlin) beglaubigt werden.

Ihre Dokumente lassen Sie direkt in Paraguay übersetzen, denn mitgebrachte Übersetzungen werden nicht anerkannt, und außerdem ist es im Land auch wesentlich günstiger als zu Hause.

Naturverbundene und stressfreie Lebensweise

Schon aufgrund der ganzjährig warmen Temperaturen bietet Paraguay ganz andere Möglichkeiten der Lebensweise und auch der Freizeitgestaltung. Fast überall trifft man auf wunderschöne tropische Pflanzen, und die Landschaft gibt einiges her. Das Land wird durch den Rio Paraguay praktisch in zwei Teile geteilt.

„Stress“ ist in Paraguay ein Fremdwort. Niemand hat hier Stress. Höchstens wir Europäer in der Anfangsphase unseres Aufenthalts, denn früher oder später passt man sich dem Land und seinen Menschen ganz einfach an oder versucht es zumindest so lange, bis sich der Schalter im Kopf endlich umlegt.

Das in Paraguay am häufigsten gebrauchte Wort ist wohl „tranquillo“, was so viel bedeutet wie „mach langsam“. Und die Einheimischen haben recht, denn mit dieser Lebenseinstellung lebt man doch einfach viel gesünder.

Für uns Europäer ist es nicht einfach, sich umzustellen, sind wir es doch aus unserem alten Leben gewohnt, von einem Termin zum nächsten zu hetzen und möglichst viel an einem Tag zu erledigen. So läuft es hier nun einmal nicht. Was heute nicht mehr getan werden kann, wird eben morgen oder gar erst übermorgen erledigt. No, hay problema (kein Problem, morgen); auch diesen Satz werden Sie häufig zu hören bekommen.

Viel lieber setzt man sich in gemütlicher Runde mit seinesgleichen zusammen und hält bei einem Tereré ein gemütliches Schwätzchen, das manchmal bis tief in die Nacht dauert.

Nahezu Gewerbefreiheit ohne Qualifikationsnachweis

Wenn Sie nicht gerade Arzt oder Jurist sind und sich mit diesem Beruf in Paraguay selbstständig machen wollen, haben Sie nahezu alle Freiheiten in der Berufswahl.

Hier genügt es eigentlich, wenn Sie selbst von Ihren Fähigkeiten überzeugt sind. Wenn Sie es dann auch noch schaffen, Ihre Kunden zufriedenzustellen, dürfen Sie Ihr Firmenschild bereits an die Wand nageln.

Keine langwierigen Antragstellungen und Bearbeitungszeiten, kein Qualifikationsnachweis wie z. B. Meistertitel. Sie lassen sich einfach nur registrieren, eröffnen Ihren Laden oder Ihr Büro und beginnen mit Ihrer Arbeit. Auch die Steuern sind in Paraguay wirklich gering.

Dennoch liegt es nicht in der Natur von uns Europäern, völlig unvorbereitet geschäftliche Aktivitäten zu entwickeln, und so empfiehlt es sich, mit Hilfe eines Businessplans Ihr zukünftiges Unternehmertum gut vorzubereiten und entsprechend zu kalkulieren. Zur Unterstützung finden Sie im Anhang einen recht einfach gestalteten Businessplan, anhand dessen sich eine vernünftige Basis erstellen lässt.

Gute Chancen für Ihre Existenzgründung

Allein die Gewerbefreiheit ist es, die Ihnen in Paraguay zahlreiche Möglichkeiten der Selbstständigkeit einräumt. Wenn Sie nun noch das richtige Handwerk beherrschen und entsprechende Fähigkeiten mitbringen, stellt sich Ihnen bei der Umsetzung Ihrer Pläne niemand mehr in den Weg.

Die Liste der gesuchten Berufe ist lang:

- Baumeister
- Bäcker
- Betriebswirte
- Buchhändler
- Dachdecker
- Dolmetscher
- EDV-Spezialisten
- Eventmanager
- Gastronomen
- Großhändler
- Immobilienfachwirte
- Import/Export
- Informatiker
- Innenarchitekten
- Installateure
- Kältetechniker
- Karosseriespengler
- Kfz-Mechaniker
- Klempner
- Landwirte
- Malermeister
- Medienfachleute
- Metzger
- Netzwerkmanager
- Optiker
- Physiotherapeuten
- Tischler
- Transportunternehmer
- Volkswirte
- Webdesigner
- Webmaster
- Zimmerer

Oder Sie haben eine ganz neue Idee und stoßen damit gerade in Paraguay auf eine Marktlücke.

Grundsätzlich gilt: Wer zuverlässig und gut arbeitet, wird mit seinen Fähigkeiten auch in Paraguay existenzfähig sein. Besonders gute Chancen haben Handwerker aller Sparten, Fachleute aus dem Bauwesen sowie deutsche Bäcker und Metzger – weil eben deutsche Gründlichkeit auch in Paraguay Anerkennung findet.

Niedrige Lohn- und Produktionskosten

Anhand der nachstehenden Übersicht bekommen Sie eine Idee, wie viel Sie in der Regel für Personalkosten einplanen müssen.

Übersicht: Monatlicher Mindestlohn für nachstehende Berufsgruppen

Berufsgruppe	Gs.	USD
Arbeiter	1.341.775	267,71
Hauspersonal	500.000	99,76
Mitarbeiter in Kleinbetrieben	1.355.197	270,39
Arbeiter – Kunsthandwerk	1.341.775	267,71

Quelle: Ministerio de Justicia y Trabajo y empresas consultadas

Hier noch eine spezifischere Übersicht der verschiedenen Berufsgruppen:

Übersicht: Kollektivlöhne verschiedener Berufsgruppen

Berufsgruppe	Gehalt (mtl.) in Gs.	Gehalt (mtl.) in USD
MitarbeiterIn bei Versicherungsgesellschaften	1.355.197	270,39
SekretariatsmitarbeiterIn	1.361.957	271,74
MitarbeiterIn in Transportunternehmen	1.341.775	267,71
Kraftfahrer (Lkw, Personentransporte)	1.355.197	270,39
MitarbeiterIn in Betrieben Kühl- u. Gefriergut	1.341.775	267,71
MitarbeiterIn in der Textilindustrie	1.358.380	271,03
MitarbeiterIn im Gartenbau	1.355.197	270,39
MitarbeiterIn in der Pelz- und Lederindustrie	1.341.775	267,71
Diverse unspezifizierte Hilfstätigkeiten	1.341.775	267,71
JournalistIn/ChefredakteurIn	1.987.299	396,51
ReporterIn	1.454.958	290,20
GrafikerIn	1.648.395	328,89

Berufsgruppe	**Gehalt (mtl.) in Gs.**	**Gehalt (mtl.) in USD**
MaurerIn und MalerIn (Meister)	1.569.271	313,10
Maurer- und Malergehilf(e)In	1.355.197	270,39
BankmitarbeiterIn (Anfangsgehalt)	2.196.490	438,25
MitarbeiterIn in Farmbetrieben	476.802	95,13
MitarbeiterIn in Landwirtschaftsbetrieben	1.341.775	267,71
MitarbeiterIn im Handel	1.341.775	267,71

Quelle: Ministerio de Justicia y Trabajo

Übersicht: Sozialversicherungsbeiträge an die Krankenkasse (IPS)

Monatlich zu leistender Beitrag	**% des Lohnes/Gehalts**
Beitrag Arbeitnehmer (mtl.)	9
Beitrag Arbeitgeber	16,50
Monatlicher Gesamtbeitrag	**25,50**

Quelle: Instituto de Previsión Social

Im Falle der Auflösung eines Dienstverhältnisses gilt folgende Regelung:

Übersicht: Kosten des Dienstgebers bei Beendigung des Dienstverhältnisses

Dienstjahre	**Kündigungs-frist/Tage**	**Abfindung in Tageslöhnen**
bis zu 1 Jahr	30	30
1 bis 5 Jahre	45	45
5 bis 10 Jahre	60	60
über 10 Jahre	90	90

Quelle: Código de trabajo

Bei ungerechtfertigter Entlassung stehen dem Dienstnehmer bei bis zu 10 Jahren Dienstzeit für jedes vollendete Arbeitsjahr 15 Tagesgehälter zu. Über 10 Jahren Dienstzeit erhöht sich dieser Anspruch auf 30 Tagesgehälter pro Jahr.

Übersicht: Beitrittskosten zu verschiedenen Unternehmerverbänden (Interessenvertretungen)

Gremium	Mitgliedsbeitrag		Monatliche Gebühr		Jährliche Gebühr	
	Gs.	USD	Gs.	USD	Gs.	USD
Produktion	0	0			833.500	166,30
Industrie	2.000.000	399,04	187.500	37,41		
Handel	500.000	99,76	473.750	94,52		

Quelle: Asociaciones consultadas

Nun haben Sie eine ungefähre Vorstellung vom monatlichen Grundlohn eines Paraguayers und werden vielleicht jetzt auch besser verstehen, warum die Leute jede Extra-Zuwendung mit beiden Händen ergreifen.

Stellen Sie sich vor, Sie müssten in Paraguay mit einem normalen Arbeitsverhältnis zu den vorgenannten Löhnen Ihr Leben bestreiten. Ich würde wetten, dass Sie damit große Probleme hätten. Und ebenso geht es auch der paraguayischen Bevölkerung, obwohl deren Ansprüche weit unter den europäischen liegen. Man muss also immer beide Seiten betrachten, ehe man sich ein Urteil bilden kann.

Ökologischer Reichtum und große Energiereserven

Es gibt eigentlich kaum etwas, was in Paraguays roter und sehr eisenhaltiger Erde nicht blüht und gedeiht. Der ökologische Reichtum der Natur Paraguays ist einzigartig unter den Ländern Südamerikas. In Paraguay sind über 500 verschiedene Tierarten, mehr als 100 verschiedene Reptilien, 60 Arten von Amphibien und etwa 8.000 verschiedenartige Pflanzen beheimatet.

In der paraguayischen Wirtschaft stehen Ackerbau und Viehzucht an erster Stelle. Etwa fünf Prozent der Bevölkerung arbeitet im Agrarsektor. Hauptanbauprodukte sind Sojabohnen, Mandioka, Baumwolle, Zuckerrohr und Getreide. Die Rinderhaltung konzentriert sich eher auf die Fleischproduktion als auf die Milchwirtschaft.

Paraguay hat, wie viele andere Länder, keine Energieversorgungsprobleme. Die heimischen Wasserkraftwerke produzieren etwa 48,36 Mio. KW/h, von denen im Land selbst nur ca. 2 Mio. KW/h genutzt werden. Der durchaus beachtliche Überschuss wird nach Argentinien und Brasilien exportiert.

Deutschsprachige Zeitung

In Asunción hat sich bereits vor vielen Jahren eine deutschsprachige Zeitung etabliert, die vierzehntägig erscheint und über Land und Leute in Paraguay, aber auch überregional berichtet. Die Redaktion ist stets Anlaufstation für deutschsprachige Einwanderer, weil man dort auch andere deutschsprachige Literatur erwerben kann. Außerdem informiert die Zeitung aktuell und sehr ausführlich über Verbraucherpreise und wirtschaftliche Belange Paraguays. Sie haben auch die Möglichkeit, im Anzeigenteil ein Inserat zu schalten.

Allgemeine Ausländerfreundlichkeit

Als Europäer sind Sie in Paraguay sehr willkommen. Und wenn Sie in die paraguayische Wirtschaft investieren, liebt man Sie noch mehr. Weil Sie Arbeitsplätze schaffen und mit Ihrer Investition zur allgemeinen Verbesserung der Lebensbedingungen beitragen.

Paraguayer arbeiten gerne für Deutsche, Schweizer oder Österreicher und sie sehen es als ganz besonderes Privileg an, für einen „Aleman“ arbeiten zu dürfen.

Deutsche Produzenten und Dienstleistungsbetriebe

Schon viele vor Ihnen hatten die Idee, auszuwandern und sich in Paraguay eine Existenz aufzubauen. Und sehr viele mit Erfolg. Ob es sich dabei nun um den deutschen Bäcker oder den deutschen Metzger handelt oder um Geschäftsleute anderer Sparten, sie alle mussten sich ihre Sporen verdienen, und mittlerweile gibt es in vielen Teilen Paraguays Betriebe unter deutscher, österreichischer oder schweizerischer Leitung.

Steuerfreies Übersiedlungsgut (auch gewerblicher Geräte oder Maschinen)

Wenn Sie sich dazu entschließen, neben Ihrem privaten Hausrat auch noch gewerbliche (gebrauchte) Maschinen aus Deutschland nach Paraguay einzuführen, so ist bei Erbringen des erforderlichen Nachweises, dass Sie diese

Gerätschaften für Ihr Unternehmen in Paraguay benötigen, auch die Einfuhr dieser Gegenstände zoll- und steuerfrei.

Allerdings kenne ich leider niemanden, dem es bisher gelungen ist, sein Umzugsgut völlig kostenlos zu verzollen. Die alte Geschichte. Der Spielraum der Behörde, was als „privat" und was als „gebraucht" gilt, ist groß. Sie sollten in jedem Fall Rechnungen vorlegen können und wieder einmal Ihre Sympathie spielen lassen.

Eine Ausnahme bildet die Einfuhr eines Kraftfahrzeugs nach Paraguay. Dafür müssen Sie Einfuhrzoll bezahlen! Sollte es sich dabei nicht gerade um Ihren liebgewonnenen und nicht wiederbeschaffbaren Oldtimer handeln, den Sie unter keinen Umständen zurücklassen wollen, lohnt es sich aus finanziellen Gründen nicht, ein Auto nach Paraguay zu bringen. Gute geländegängige Fahrzeuge werden für etwa 10.000 USD im Land gehandelt.

Für die Abwicklung beim Zoll müssen Sie sich der Dienste eines sogenannten Despachanten bedienen. Ihr Umzugsgut wird vom Zoll übrigens erst dann freigegeben, wenn Sie Ihre Aufenthaltserlaubnis vorweisen können!

An dieser Stelle möchte ich auf ein **Angebot der AHK Paraguay** verweisen: Aufgrund der Tatsache, dass in letzter Zeit bedeutend mehr Interesse an einer Einwanderung nach Paraguay festzustellen ist, bietet die AHK Paraguay eine umfangreiche Palette von Dienstleistungen an, die alle darauf ausgerichtet sind, bei den ersten Schritten in Paraguay zur Seite zu stehen, bürokratische Hürden zu meistern und bei Sprachproblemen zu helfen.

Dieser Service beginnt schon vor der Ankunft und umfasst je nach Kundenwünschen Hotelreservierungen, Flughafen-Transfer und auf Anfrage ein breites Angebot an touristischen Leistungen.

Bei Ankunft hilft die AHK, Kontakte in Paraguay herzustellen, und bietet ein kostenloses Einführungsgespräch an. Je nach individuellem Wunsch kann die Kammer seriöse und zuverlässige Fachleute bzw. Geschäftspartner (Makler, vereidigte Übersetzer, Anwälte, Notare, Wirtschaftsprüfer, Zollagenten etc.) vermitteln.

Nähere Infos erhalten Sie vor Ort in Paraguay unter:

AHK Paraguay – Deutsch-Paraguayische Industrie- und Handelskammer
Independencia Nacional 811
Casilla de Correo 919
Asunción – PY
Telefon: +595 21 446 594
Telefax: +595 21 449 735
logistica@ahkasu.com.py
www.ahkparaguay.com

Büro Ciudad del Este:
Kontaktperson Karsten Friedrichsen
Casilla de Correo 194
7000 Ciudad del Este
Telefon: +595 61 570 630
karsten@cde.rieder.net.py

oder im Projektbüro in Frankfurt:

Projektkoordinatorin Hispano-Mercosur
Börsenplatz 4
60313 Frankfurt am Main
Telefon: +49 69 2197 1532
Telefax: +49 69 2197 1276
frankfurt@ahkmercosur.com
www.ahkmercosur.com

Sie können bei der AHK auch einige interessante Publikationen zu Paraguay bestellen.

Gute Anbindung an die Nachbarstaaten

Paraguay gilt als die Schweiz Südamerikas und ist neben Bolivien der einzige Binnenstaat. Im Nordwesten und Norden grenzt es an Bolivien, im Osten an Brasilien und im Süden und im Westen an Argentinien.

Keine Meldepflicht

In Paraguay gibt es keine Meldepflicht, so wie man das aus Deutschland kennt. Ihr Aufenthalt im Land ist mit Ihrer Aufenthaltsgenehmigung geregelt. In welchem Teil des Landes Sie sich aufhalten, interessiert die Behörde nicht. Auch dieser Umstand hat, wie alles in Paraguay, seine Vor- und Nachteile.

Hinweis: Dieser Artikel erschien im Mai 2008 in der Schweizer Presse:

Paraguay wird vorbestrafte Ausländer ausweisen!
In Zukunft wird die neue paraguayische Regierung unter Fernando Lugo möglicherweise alle vorbestraften Ausländer in Paraguay ausweisen. Es tun sich seit Jahrzehnten tiefe Abgründe in PARAGUAY auf. Speziell die Colonias Unidas sind betroffen! Hier lassen sich sehr gerne zwielichtige gesetzlose Gestalten und Pädophile nieder. Z. B. Gesetzlose wie Wolfgang R. aus Obligado (ein mehrfach vorbestrafter geflüchteter Deutscher) und Udo P. (ein mehrfach vorbestrafter Steuerhinterzieher und deutscher Volksschädling). Diese Halunken schaden auch dem Ruf Paraguays und werden unter der Regierung Lugos keine Vertretung mehr finden!
Quelle: News4Press.com (Pressemitteilung) – Zug, Schweiz – am 10. Mai 2008

Gute Infrastruktur in den Städten

Paraguay ist zwar ein Dritte-Welt-Land, aber glauben Sie mir, in den Städten bekommen Sie einfach alles, was Ihr Herz begehrt. Ist das, was Sie haben wollen, im Moment gerade nicht verfügbar, dann wird es speziell für Sie in relativ kurzer Zeit „besorgt".

In Asunción finden Sie einige riesige und sehr moderne Einkaufszentren, die gut sortiert sind und auch viele amerikanische, europäische und deutsche Produkte im Sortiment haben.

Die Infrastruktur in den Städten (und in etwas dichter besiedelten Gegenden) ist als ziemlich gut anzusehen. Überall gibt es Wasser, Strom, Telefon, Rundfunk und Television, Computer, Handys, Internet usw.

Übersicht: Infrastruktur-Basisdaten

Verkehrsstraßen	Straßennetz (km)	% Anteil Staatsnetz
Hauptverkehrsstraßen	9.763,92	34
Verbindungsstraßen	5.550,34	20
Nebenstraßen	13.220,60	46
Total		**100**

Straßenbeschaffenheit	Straßennetz (km)	% Anteil Staatsnetz
Asphalt	4.295,48	15
Kopfsteinpflaster	592,68	2
Unbefestigte Straßen	23.656,70	83
Total		**100**

Quelle: MOPC

Anmerkung: Paraguay verfügt über 17 Departments (Distrikte), von denen Itapùa (3.484,34 km), San Pedro (3.417,55 km), Boqueròn (2.460,05 km) und Alto Paranà (2.116,69 km) ein gut ausgebautes Straßennetz besitzen.

Nachstehende Übersichten sollen Ihnen auch einen allgemeinen Überblick über die Kosten vermitteln.

Übersicht: Mautgebühren

	Tape Pora		**MOPC**	
Fahrzeugtyp	**Gs.**	**USD**	**Gs.**	**USD**
PKW			5.000	1,00
Kleinlaster und Autobusse 2 Achsen			7.000	1,40
Kleinlaster und Autobusse 3 Achsen			8.000	1,60
Kleinlaster und Autobusse Mehrachser			15.000	2,99
PKW, Jeep, Sattelschlepper, Autobus	10.000	2,00		
Kleinlaster, Sattelschlepper, Autobus 2 Achsen	17.000	3,39		
Kleinlaster, Sattelschlepper, Autobus 3 Achsen	28.000	5,59		
Kleinlaster, Sattelschlepper, Autobus 4 Achsen	37.000	7,38		
Kleinlaster, Sattelschlepper, Autobus 5 Achsen	40.000	7,98		
Kleinlaster, Sattelschlepper, Autobus 6 Achsen	40.000	7,98		
Motorräder	3.000	0,60		

Quelle: MOPC

Übersicht: Kosten für Treibstoff im städtischen Bereich

Anbieter	Normalbenzin Lit.		Benzin 85 Oct./Lit.		Benzin 95 Oct./Lit.		Benzin 97 Oct./Lit.		Diesel	
	Gs.	USD	Gs.	USD	Gs.	USD	Gs.	USD	Gs.	USD
PETROPRAS	–	–	4.440	0,89	5.190	1,04	6.490	1,29	4.250	0,85
ESSO	–	–	4.440	0,89	5.190	1,04	6.490	1,29	4.250	0,85
COPETROL S.A.	3.900	0,78	4.440	0,89	–	–	–	–	4.250	0,85
B&R S.A.	3.900	0,78	4.440	0,89	5.190	1,04	–	–	4.250	0,85
LUPRIPAR SAECA	3.850	0,77	4.440	0,89	4.980	0,99	–	–	4.250	0,85
PETROSUR S.A.	3.890	0,78	–	–	4.980	0,99	–	–	4.250	0,85
COPEG S.A	3.890	0,78	–	–	4.980	0,99	–	–	4.250	0,85
TEXACO	3.850	0,77	4.440	0,89	4.980	0,99	–	–	4.250	0,85
GAS CORONA S.A.	3.890	0,78	–	–	4.980	0,99	–	–	4.250	0,85
COMPASA	–	–	–	–	–	–	–	–	4.250	0,85
INTEGRAL S.A.	3.890	0,78	–	–	4.980	0,99	–	–	4.250	0,85
CPC S.A.	–	–	–	–	–	–	–	–	4.250	0,85
Durchschnitt	3.883	0,77	4.440	0,89	5.050	1,01	6.490	1,29	4.250	0,85

Quelle: MIC

Übersicht: Transportkosten per Seefracht

Transportstrecke	Ungefährliche Güter USD*	Containerkosten USD	
		20"	40"
Asunción – New York	2.400	425	
Asunción – New York	2.950		850
Asunción – Long Beach (Kalifornien)	3.100	425	
Asunción – Long Beach (Kalifornien)	3.850		850
Asunción – Bilbao (Spanien)	2.300	450	
Asunción – Bilbao (Spanien)	3.100		900
Asunción – Rotterdam (Holland)	2.100	450	
Asunción – Rotterdam (Holland)	2.800		900
Asunción – RAE (Hongkong)	2.300	500	
Asunción – RAE (Hongkong)	3.200		1.000
Asunción – Shanghai (China)	2.300	500	
Asunción – Shanghai (China)	3.200		1.000
Asunción – Xiamen (China)	2.300	500	
Asunción – Xiamen (China)	3.200		1.000

* Die Preise sind FOB (Free on Board) und beziehen sich ausschließlich auf trockene Güter und beinhalten die Transportversicherung und div. Gebühren. Die angeführten Preise dienen als Richtlinie und sind stets von den aktuellen Marktkonditionen abhängig.

Quelle: ANNP

Übersicht: Frachtgutpreise per Flugzeug International

Frachtweg	USD/kg		Gs./kg	
	von	bis	von	bis
Asunción – Frankfurt	3,10	10,60	15.537	53.127
Asunción – Madrid	3,30	10,60	16.540	53.127
Asunción – Dubai	4,20	12,30	21.050	61.648
Asunción – Hongkong	4,20	12,30	21.050	61.648
Asunción – Narita	5,70	18,90	28.568	94.727
Asunción – Buenos Aires	0,55	1,20	2.757	6.014
Asunción – Sao Paulo	0,60	1,20	3.007	6.014
Asunción – Santiago de Chile	0,65	2,95	2.258	14.785
Asunción – Santa Cruz	0,70	1,50	3.508	7.518
Asunción – Miami	1,70	4,60	8.520	23.055
Asunción – New York	2,40	5,00	12.029	25.060

Quelle: Agencia Airemar S.R.L.

Übersicht: Transportkostenversicherung (international)

Transportart	% des Warenwertes
Import normale Güter	0,50
Import Gefriergüter	0,70
Export normale Güter	0,75
Export Gefriergüter	1,00

Quelle: Empresas del ramo consulado

Übersicht: Kosten für Markenregistratur und Patentanmeldungen

Konzept	Gs.	USD
Antrag auf Registrierung oder Verlängerung einer Marke	51.607	10,30
Jahresgebühr für die Aufrechterhaltung des Markenschutzes	258.035	51,48
Gebühr für die Eintragung in das zentrale Register	51.607	10,30
Offizielle Information über die Marke	25.804	5,15
Gebühr für die Ausschreibung	25.804	5,15
Eintragungsgebühr zur Nutzung der Marke	51.607	10,30
Transaktionskosten	25.804	5,15
Kosten für die Duplikatserstellung der Registratur	25.804	5,15
Antrag auf Patentierung einer Erfindung	378.095	75,44
Umwandlung eines Patentes	302.476	60,35
Jahresgebühr für die Aufrechterhaltung des Patentschutzes	504.127	100,58
Kosten für eine Kopie des Dokuments der Registrierung	200.000	39,90

Quelle: DGPI

Tariftabelle des öffentlichen Notars (Arancel del notario público)

Bemessungsgrundlage	Notariatskosten des Realwertes in %
ab Gs. 1.000.000	2
ab Gs. 50.000.000	1,75
ab Gs. 75.000.000	1,50
ab Gs. 100.000.000	1,25
ab Gs. 150.000.000	1,00
ab Gs. 200.000.000	0,75

Quelle: Ley 1.307/87 del Arancel del Notario Público

Übersicht: Kosten und Einschreibgebühren in Privatschulen

Institution	Einschreibgebühr		Jahresgebühr	
	Gs.	USD	Gs.	USD
Weiterführende Schule				
Primärstufe	472.500	94	3.727.500	744
Sekundarstufe	558.750	111	5.062.313	1.010
Hochschule				
Primärstufe	1.322.619	264	11.471.131	2.289
Sekundarstufe	1.565.667	312	14.983.208	2.989

Quelle: Instituciones educativas

Übersicht: Monatliche Aufwendungen für medizinische Vorsorge

Versicherungs-gesellschaft	Versicherungs-leistung	Gs	USD
OAMI	Einzelpersonen, Ehepaare + 3 mj. Kinder	540.000	107,74
	Einzelperson + 2 Familienmitglieder	540.000	107,74
	Einzelperson, nicht älter als 65 Jahre	290.000	57,86
ASISMED	Einzelpersonen, Ehepaar + Kinder bis zum 22. Lebensjahr	540.000	107,74
	Ehepaar ohne Kinder	460.000	91,78
	Einzelperson	290.000	57,86

Quelle: BL&Asociados S.A.

Übersicht:
Installationskosten eines Festnetz-Telefon-Anschlusses

Art der Installation	Gs.	USD	Dauer der Herstellung
Privatanschluss***	350.000	70	15 - 22 Tage*
Geschäftsanschluss***	350.000	70	15 - 22 Tage*

Befristete Anschlüsse

Nutzungsdauer/Tage	Gs.	USD	Dauer der Herstellung**
1 - 5	206.250	41	sofort
6 - 10	275.000	55	sofort
11 - 20	324.500	65	sofort
21 - 30	495.500	99	sofort
31 - 60	569.800	114	sofort
61 - 90	666.600	133	sofort

* ungefähre Zeitangabe
** ab Antragstellung
*** Sonderpreis (Anmerkung: COPACO S.A.bietet immer wieder Sonderangebote. Der Normalpreis der Installationsgebühr für einen Festnetzanschluss beträgt bis zu Gs. 825.000 (USD 164,60).

Quelle: COPACO S.A.

Übersicht: Grundgebühren pro Kategorie inkl. MwSt.

Mtl. Grundgebühr	Gs.	USD
Privatanschluss	22.000	4,39
Geschäftsanschluss	30.800	6,15

Quelle: COPACO S.A.

Übersicht: Gesprächsgebühren inkl. MwSt.

Ortsgespräche	**Gs./Impuls**	**USD/Impuls**	**Impulse**
Normale Zeiten*	100	0,02	1 Impuls pro Min.
Reduzierte Zeiten**	100	0,02	1 Impuls pro 5 Min.

Ferngespräche	**Gs./Min.**	**USD/Min.**	**Zeiten**
1 - 100 km	200 100	0,04 0,02	normal* reduziert*
über 100 km	400 100	0,08 0,02	normal* reduziert**

Internationale Gespräche	**Gs./Min.**	**USD/Min.**	**Zeiten**
MERCOSUR inkl. Bolivien, Chile und Peru	2.200	0,44	z.a.Z.***
EE, UU und Kanada	1.980	0,40	z.a.Z.***
Kuba	3.720	0,74	z.a.Z.***
Restl. Amerika	2.750	0,55	z.a.Z.***
Rest der Welt	3.850	0,77	z.a.Z.***
In die angrenzenden Nachbarländer	500 450	0,10 0,09	normal* reduziert**
Telefonate vom Festnetz zu einem Mobiltelefon	1.230	0,25	z.a.Z.***

* von 6:00 - 20:00 Uhr
** von 20:00 - 6:00 Uhr
*** zu allen Zeiten

Quelle: COPACO S.A.

Übersicht: Kosten Mobiltelefon

Anbieter	Tarif	Grundgebühr mtl. USD	Preis pro Sekunde USD Normale Zeit*	Preis pro Sekunde USD Reduzierte Zeit**
Personal	Plan Control	10,00	0,0016	0,00083
Vox	Plan Limite	9,80	0,0020	0,00083
Tigo	Plan Tigo	9,90	0,0016	0,00083
CTI	Kit Prepago	9,80	0,0027	0,00170

* 7:00 - 21:00 Uhr
** 21:00 - 7:00 Uhr
Anmerkung: Die Tarife der verschiedenen Anbieter sind stets abhängig von der Flächendeckung des Netzes und wechseln ständig. Es gibt auch immer wieder spezielle Angebote mit reduzierten Kosten, Freiminuten etc.

Quelle: Empresas de telefonica celular

Übersicht: Internetservice-Tarife

	Anschlussgebühr USD		
	Paraway net	Click ADSL	
COPACO S.A.	100,00	30,00	
	Tarife mtl. USD		
Bandbreite	normal	hogar	comercial
64 kbps	73,00	25,00	33,00
128 kbps	145,00	41,00	52,00
256 kbps	290,00	54,00	78,00
384 kbps	435,00	–	–
512 kbps	580,00	78,00	147,00
1 Mbps	1.160,00	145,00	278,00

TIGO	Anschlussgebühr USD 80,00	
Bandbreite	**WIMAX**	**XL**
128 kbps	73,00	73,00
128/256 kbps	96,00	96,00
256/512 kbps	184,00	184,00
512/1024 kbps	290,00	290,00
1024/2048 kbps	445,00	–
2048 kbps	891,00	–

CONEXION	Anschlussgebühr USD 100,00 Tarif WIRELESS	
Bandbreite	**particular**	**empresarial**
144 kbps	–	200,00
188 kbps	200,00	250,00
232 kbps	250,00	300,00
276 kbps	300,00	–
320 kbps	350,00	–

ADSL NET MAX

Particular	Anschlussgebühr	USD 33,00
Monatliche Grundgebühr nach Tarif	Plan Full mtl. Plan Mega mtl. Plan Mega Plus mtl.	USD 33,00 USD 44,40 USD 66,60

empresarial	Anschlussgebühr	USD 99,00
Monatliche Grundgebühr nach Tarif	64 kbps 128 kbps 256 kbps 512 kbps 1024 kbps	USD 91,20 + MwSt. USD 158,40 + MwSt. USD 308,80 + MwSt. USD 617,60 + MwSt. USD 1.170,00 + MwSt.

Quelle: COPACO S.A.

Übersicht: Postgebühren

Tarifliste für Briefe, Pakete und Drucksachen

Gewicht/g		Gs.	USD
bis	20	700	0,14
bis	50	900	0,18
bis	100	1.000	0,20
bis	250	1.800	0,36
bis	500	2.400	0,48
bis	1.000	4.500	0,90
bis	1.500	6.500	1,30
bis	2.000	9.500	1,90
pro weitere	500	2.500	0,50
Einschreibegebühr		500	0,10

Quelle: Correo Nacional Paraguayo

Tarifliste für Luftpost und EMS International

LUFTPOST	Gewicht/g	Gs.	USD
Karten, Briefe, kl. Pakete, Drucksachen	0 - 2.000	45.400	9,06
Drucksachen	2.001 - 7.000	194.980	38,90
EMS-Sendungen	**Gewicht/g**	**Gs.**	**USD**
Dokumente	0 - 250	105.000	20,95
	251 - 10.000	305.055	60,86
	10.001 - 20.000	722.400	144,13
Warensendungen	0 - 250	114.800	22,91
	251 - 10.000	336.125	67,06
	10.000 - 20.000	798.015	159,22

Quelle: Correo Nacional Paraguayo

Übersicht: Flugzeiten

Flugstrecke	Flugdauer
Asunción - Buenos Aires	1 h 20 min.
Asunción - Curitiba	1 h
Asunción - Sao Paulo	1 h 15 min.
Asunción - Montevideo	1 h 40 min.
Asunción - Santiago de Chile	2 h 45 min.
Asunción - Iquique	2 h 30 min.
Asunción - La Paz	2 h 40 min.

Quelle: Aerolineas consultadas

Übersicht: Preise Flugticket – Personentransport*

National	USD
Asunción - Ciudad del Este	40

International	USD
Asunción - Buenos Aires	219
Asunción - Lima	510
Asunción - London	969
Asunción - Madrid	1.202
Asunción - Mailand	899
Asunción - New York	924
Asunción - Miami	827
Asunción - Montevideo	289
Asunción - Paris	969
Asunción - Santa Cruz	334
Asunción - Santiago	329
Asunción - Sao Paulo	219

* Die Preise beziehen sich auf die Hin- und Rückreise

Quelle: Aerolineas consultadas

Unkomplizierte Firmengründung

Sobald Sie im Besitz Ihrer Aufenthaltspapiere sind, steht Ihrer Firmengründung nichts mehr im Weg.

Für eine Gesellschaft mit beschränkter Haftung (S.R.L.), die häufigste Form der Firmengründung in Paraguay, benötigen Sie mindestens zwei Personen und ein Stammkapital von ca. 2.500 USD. Dieser Betrag muss als Nachweis bis zur Eintragung der Gesellschaft auf ein Konto der Landeszentralbank eingezahlt werden.

Ähnlich wie in Deutschland sollten Sie sich auch in Paraguay nach einem Steuerberater umsehen, der sich monatlich um die Steuerabgaben kümmert, sofern Umsätze erzielt wurden. Am Jahresende erstellt er für Sie eine Bilanz, wonach dann eine 10%ige Gewinnsteuer an das Finanzamt abzuführen ist.

Ähnlich verhält sich die Gründung einer Aktiengesellschaft (S.A.) mit dem Unterschied der persönlichen und solidarischen Haftung der Geschäftsführer. Des Weiteren muss bei der S.A. ein Aufsichtsrat bestellt werden.

Führerschein ohne Prüfung

Ohne Aufenthaltsgenehmigung bekommen Sie den Führerschein nur für die Dauer von einem Jahr, dann muss das Dokument auf Antrag verlängert werden. Was Sie dafür benötigen? Lediglich einen Nachweis über Ihre Blutgruppe. Ja, Sie lesen richtig. Auch wenn Sie ihn in Deutschland noch nie hatten oder wenn sich die Behörde dazu entschlossen hat, ihn Ihnen wieder wegzunehmen, in Paraguay fragt niemand danach.

Unter Vorlage Ihrer Cedula (paraguayischer Personalausweis) wird Ihnen die Fahrerlaubnis für die Dauer von fünf Jahren ausgehändigt. Sie bezahlen jährlich etwa 4 USD Gebühren. Bei dieser Gelegenheit wird allerdings auch überprüft, ob offene Strafzettel vorliegen.

So einfach können Sie in Paraguay mobil sein. Nur bedenken Sie bei der aktiven Teilnahme am Straßenverkehr, dass 99 % der Autolenker nie eine Fahrschule von innen gesehen und ihre Fahrkünste selbst erworben haben. Dementsprechend fällt auch der Fahrstil aus, und Verkehrszeichen haben für die meisten Autolenker in Paraguay keinerlei Bedeutung.

Ich denke, ich konnte Ihnen hiermit schon einen ersten Überblick über das Wesentliche vermitteln. Und, wie geht es Ihnen bis jetzt? Haben Sie noch immer die Absicht einer Existenzgründung in Paraguay? Gut, dann fahren wir fort. Das nächste Kapitel dient dazu, Ihnen einen Überblick über Paraguays wirtschaftliche Situation zu verschaffen.

Wirtschaftsdaten Paraguay

Basisdaten

Fläche	406.752 qkm
Einwohnerzahl	6.506.464 (Stand: 2008)
Bevölkerungsdichte	15 Einwohner pro qkm
Bevölkerungswachstum	2,39 % (Stand: 2008)
Analphabetenquote	4,7 % (Stand: 2008)
Geschäftssprachen	Spanisch, Guaraní, Englisch
Rohstoffe (Agrarsektor)	Viehwirtschaft, Baumwolle, Soja, Getreide
Mitgliedschaften – regionale Zusammenschlüsse	Mercosur
Festnetzanschlüsse	331.100 (Stand: 2008)
Mobiltelefone	3.233.000 (Stand: 2008)
Internetanschlüsse	260.000 (Stand: 2008)
Landeswährung	Guaraní (Gs); 1 Gs = 100 Centimos
Wechselkurs Dollar	1 USD = 5.260,71 Gs (Stand: März 2009)
Wechselkurs Euro	1 EURO = 6.629,33 Gs (Stand: März 2009)

Wirtschaftliche Situation

Bruttoinlandsprodukt (BIP)	**2006**	**2007**	**2008**
Mrd. (USD)	29,11	31,26	26,55
BIP pro Kopf (USD)	4.600	4.800	4.000
Reale Wachstumsrate (%)	2,7	4,0	4,5

Quelle: CIA World Factbook

BIP Entstehung 2007 (%)	**Landwirtschaft**	**Forstwirtschaft und Viehzucht**	**Industrie**	**Handel**
	15,0	7,0	12,7	19,5
	Bauwirtschaft	**Tele- kommunikation**	**Transport**	**Finanzdienst- leistung**
	5,3	3,5	4,4	2,5

BIP Verwendung % 2007	**Öffentlicher Verbrauch**	**Privater Verbrauch**	**Brutto- Anlage- Investitionen**	**Außen- Beitrag**
	10,8	74,1	18,0	- 2,9

Quelle: CIA World Factbook

Wirtschaftswachstum

Nach Sektoren (real, %) 2007	**Land- wirtschaft**	**Viehzucht**	**Industrie**	**Bau- wirtschaft**
	+24,1	-6,8	-1,2	+7,2
	Finanzdienst- leistungen	**Transport**	**Telekom- munikation**	**Handel**
	+5,3	+9,5	+12,0	+5,2
Industrie- produktion (real, %) 2007	**Rindfleisch**	**Maschinen**	**Textilien**	**Getränke/ Tabak**
	-11,0	+10,0	+3,0	-1,5
	Öle			
	+4,0			

Quelle: CIA World Factbook

Allgemeine Übersicht	2005	2006	2007	2008
Inflationsrate (%)	5,1	6,8	12,5	6,0
Arbeitslosenrate (%)	15,1	16	9,4	11,4
Staatsverschuldung (% des BIP)	39,2	36	31,3	27,1
Externe Staatsverschuldung (Mrd. USD)	3,2	3,5	3,7	3,6
Internationale Direktinvest. Zuflüsse (USD)	–	–	–	2.057.000
Bevölkerungsanteil u. d. Armutsgrenze (%)	36	32	32	32
Exporte (Mrd. USD)	2,9	3,1	1,7	6,9
Importe (Mil. USD)	3,3	3,8	4,5	7,0
Militärausgaben, Anteil am BIP	0,9	0,9	1,0	1,0

Quelle: CIA World Factbook

Wie sieht die wirtschaftliche Lage Paraguays nun genau aus?

Als Mitglied des „Mercosur" ist Paraguay stark von der Entwicklung dieses Wirtschaftsverbundes abhängig. In den letzten drei Jahren war kein nennenswerter Aufschwung erkennbar. Nachdem sich jetzt zumindest Brasilien gut entwickelt hat, sollte sich dies in naher Zukunft auch auf Paraguays Wirtschaftslage positiv auswirken, selbst wenn im Moment Argentinien die Entwicklung noch etwas bremst. Laut Prognosen wird für 2009 ein deutlicher Wachstumsschub erwartet.

Die tragenden Pfeiler der paraguayischen Wirtschaft sind immer noch die Sektoren Landwirtschaft und Viehzucht.

Mit der Schaffung der Freihandelszone Mercosur zwischen Brasilien, Argentinien, Uruguay und Paraguay ab 01.01.1995 hat eine Entwicklung eingesetzt, die diese vier Staaten sowohl wirtschaftlich wie in zunehmendem Maße auch politisch miteinander verbindet. Ziel von Mercosur ist laut Gründungsvertrag die Schaffung eines gemeinsamen Marktes. Chile, Bolivien und Peru sind dem Mercosur assoziiert, Venezuela ist inzwischen beigetreten, allerdings steht die Ratifizierung durch die Parlamente von Brasilien und Paraguay noch aus. Als relativ kleines Binnenland sieht Paraguay in diesem Rahmen die besten Chancen, seinen wirtschaftlichen Rückstand gegenüber den Nachbarn aufzuholen und sich international Gehör zu verschaffen. Die Kritik vor allem aus Wirtschaftskreisen, dass Paraguay letztlich durch die großen Länder eher übervorteilt würde, nimmt zu. Für den Mercosur ist die EU der wichtigste Handelspartner – Paraguay partizipiert am Handelsaustausch aber nur mit 1 %. Am 13.08.2004 nahm in Asunción das ständige Schiedsgericht des Mercosur seine Arbeit auf.

Paraguays Wirtschaft wird staatlich kontrolliert:

- behördliche Festsetzung der Preise
- Kontrolle der Verteilung
- Regelung der Produktion
- Exportregelung
- Monopol

Wobei Preiskontrolle und Vermarktung besonders für die Rinderzucht maßgeblich sind.

MERCOSUR-Statistik

	Argentinien	**Brasilien**	**Paraguay**	**Uruguay**
Bevölkerung	37.813.000	175.382.000	5.300.000	3.361.000
BIP Mio. USD	131.000	375.200	7.201	13.000
BIP pro Kopf USD	3.473	2.139	1.439	3.868
Inflationsrate	15,8%	9,1%	9%	24,3%
Arbeitslosenrate	21,5%	21,5%	15,3%	19%

Quelle: Statistikamt Paraguay (2002)

Land- und Forstwirtschaftliche Exporte Paraguays in den MERCOSUR 2001 - 2006 (Mio. USD)

Produkte	2001	2002	2003	2004	2005	2006
Fleisch u. Innereien	12.900	24.802	29.796	46.101	33.783	13.926
Getreide	33.644	37.990	67.938	51.370	110.413	173.250
Samen,Trockenfrüchte,Öl	218.706	222.605	316.451	302.844	362.195	243.601
Prof. aus tier. Fetten	41.240	64.611	80.412	114.910	93.995	99.916
Pelze und Leder	11.267	7.849	9.556	17.180	19.458	32.368
Hölzer, Holzkohle	23.040	7.793	12.431	20.165	25.892	32.066
Baumwolle	33.431	28.349	41.795	54.006	13.877	38.912
Andere Güter	144.508	158.746	175.964	258.977	252.509	282.684
Gesamt	**518.736**	**552.745**	**734.343**	**865.553**	**912.122**	**916.723**

Quelle: Ministerio de Agricultura y Ganadería (Ministerium für Landwirtschaft und Viehzucht)

Land- und Forstwirtschaftliche Exporte 2000 - 2006 (Mio. USD)

Zonen	2000	2001	2002	2003	2004	2005	2006
10	561.545	518.734	552.744	734.344	865.553	912.122	916.724
NAFTA	34.772	32.027	42.371	51.855	63.031	59.906	74.154
EU	118.236	109.652	82.753	85.303	101.767	181.500	113.983
EFTA	1.958	34.457	33.580	98.082	66.822	14.847	34.431
ASIEN	31.485	74.232	43.318	47.806	116.401	124.453	78.006
Rest d. Welt	46.432	97.493	95.901	162.065	323.380	267.302	536.515
Gesamt	**794.428**	**866.595**	**850.667**	**1.179.455**	**1.536.954**	**1.560.130**	**1.753.816**

Quelle: Ministerio de Agricultura y Ganadería (Ministerium für Landwirtschaft und Viehzucht)

Übersicht: Handelsbilanz 1996 bis 2005 (Mio. USD)

Jahr	Export	Import	Saldo
1996	1.043.445	2.850.477	-1.807.032
1997	1.142.779	3.099.240	-1.956.461
1998	1.014.103	2.470.788	-1.456.685
1999	740.769	1.725.054	-984.285
2000	869.357	2.050.391	-1.181.034
2001	990.205	1.988.820	-998.615
2002	950.600	1.510.249	-559.649
2003	1.241.504	1.865.316	-623.812
2004	1.626.584	2.657.707	-1.031.123
2005	1.687.822	3.251.429	-1.563.607

Quelle: Statistikamt Paraguay

Entwicklungstendenz

Im Großen und Ganzen lässt sich zu Paraguays Wirtschaftslage noch sagen, dass das Investitionsklima trotz großer Anstrengung seitens der Regierung (vielleicht bewirkt ja der seit 2008 neu amtierende Präsident spürbare Veränderungen) unbedingt verbessert werden muss. Leider steht Paraguays Verwaltungs- und Justizapparat, was Ineffizienz, Schwerfälligkeit und Korruption anbelangt, weltweit ziemlich in Verruf.

Folgende Bereiche bedürfen einer dringenden Reformierung:

- das Zulassungsverfahren für neue Unternehmen
- die Registrierung von Eigentum
- die Arbeitsgesetzgebung
- die gerichtliche Durchsetzung von Verträgen
- die allgemein schlechten Verkehrsverbindungen (keine Eisenbahn, technisch schlecht ausgestattete Flughäfen, unasphaltierte Straßen)

Sobald es der Regierung Paraguays gelingt, in den vorgenannten Bereichen deutliche Verbesserungen zu erzielen, werden auch die extrem niedrigen Preise und Arbeitslöhne bei künftigen Investitionsentscheidungen wesentlich stärker ins Gewicht fallen.

Paraguay ist unter anderem Mitglied der WTO, der Weltbank, des IWF, der Inter-amerikanischen Entwicklungsbank (IAEB), des Mercosur, der Asociación Latinoamericana de Integración (ALADI) und der Comisión Económica para América Latina y el Caribe (CEPAL).

Seit dem Jahr 2005 ist ein Gesetz in Kraft, nach dem Bürger aus den Nachbarstaaten Brasilien, Argentinien und Bolivien innerhalb eines etwa 50 km breiten Streifens hinter der Grenze Paraguays keinerlei Grundbesitz mehr erwerben dürfen.

Die wichtigsten Handelspartner Paraguays

Importgeschäfte	Exportgeschäfte	Wichtigste Investoren
Uruguay	Brasilien	USA
Brasilien	Argentinien	Brasilien
Argentinien	Japan	Niederlande
Chile	Schweiz	Argentinien
USA	Venezuela	Luxemburg
Niederlande	Deutschland	Mexiko
Schweiz	Südkorea	Spanien
Japan	Chile	Portugal
Italien	Malaysia	UK
Deutschland	Taiwan	Japan
		Schweiz

Besonders zu erwähnen sind die Beziehungen zu Brasilien. Das Nachbarland ist als größter Handelspartner Paraguays, als Investor, als Transitland und durch das gemeinsam betriebene Wasserkraftwerk Itaipú von großer Relevanz. Brasilien ist auch bereit, Paraguay finanziell zu unterstützen, fordert aber im Gegenzug eine bessere Grenzkontrolle und Unterstützung im Kampf gegen die Markenpiraterie.

Ebenfalls wichtig sind die Beziehungen zu Argentinien, wo über Wasser- und Landverbindungen gut die Hälfte des Außenhandels abgewickelt wird. Außerdem arbeiten sehr viele Paraguayer in Argentinien.

Das Verhältnis zu Bolivien hat sich wesentlich verbessert. Die Erinnerung an den Chaco-Krieg von 1932 bis 1935 stellt mittlerweile keine Belastung mehr dar.

Die Beziehungen Paraguays zu den Mitgliedstaaten der Europäischen Union haben sich in den letzten Jahren verstärkt und die Länder Spanien und Deutschland sind dabei als Partner besonders hervorzuheben. Daneben spielen Frankreich und Italien im wirtschaftlichen und kulturellen Bereich eine gewichtige Rolle.

Die Europäische Kommission hat für den Zeitraum von 2007 bis 2013 ein Budget von 117 Mio. Euro vorgesehen, das der wirtschaftlichen Kooperation mit Paraguay dienen soll.

Businessplan

Geschäftsidee

Geschäftsidee in Stichworten	
Detaillierte Beschreibung der Geschäftsidee	
Zielgruppe	
Standort	
Wettbewerbsstrategie	
Vorteile gegenüber anderen Mitbewerbern	
Absatzchancen	
Marketingaktivitäten	

Eigenkapital

Gegenstände des Vermögens	**Wert**
Bargeld	
Sachgegenstände	
Betriebliche Immobilien	
Liquide Mittel	
Partnerkapital	
Sonstige Wertgegenstände	
Summe total	

Anlagevermögen

Grundstücke und Gebäude	**Wert**	**Afa**
Grundstücke		
Gebäude		
Renovierungs- oder Umbaumaßnahmen		
Sonstiges		
Anlagen und Maschinen		
Anlagen		
Maschinen		
Installation, Inbetriebnahme		
Geschäftseinrichtung		
Fuhrpark		
Sonstiges		
Summe total		

Umlaufvermögen

Vorratsvermögen	**Wert**
Rohstoffe	
Hilfsstoffe	
Betriebsstoffe	
Sonstiges	
Lagerbestand	
Handelswaren	
Halbfertige Produkte	
Fertige Produkte	
Sonstiges	
Summe total	

Sonstige Aufwendungen in der Start-up-Phase

Positionen	**Ausgaben**
Werbekosten	
Anmeldegebühren (Notariatskosten, Behörden)	
Erstausstattung Büromaterial	
Beratungskosten	
Sonstige Ausgaben	
Summe total	

Private Ausgaben

Positionen	**1. Jahr**	**2. Jahr**	**3. Jahr**
Kosten des Wohnbereichs			
Versicherungen			
Pensionsvorsorge			
Telefon			
Kfz-Kosten			
Lebenshaltungskosten			
Aufwendungen für Freizeitgestaltung			
Private Steuern			
Sonstige Aufwendungen			
Summe total pro Jahr			
Monatlicher Durchschnittsbetrag			

Betriebliche Ausgaben

1. JAHR

Aufwand	Jan.	Febr.	März	April	Mai	Juni
Personalkosten						
Investitionen						
Betriebliche Ausgaben						
Wareneinsatz						
Abgaben						
Kredittilgung						
Sonstige Ausgaben						

Aufwand	Juli	Aug.	Sept.	Okt.	Nov.	Dez.
Personalkosten						
Investitionen						
Betriebliche Ausgaben						
Wareneinsatz						
Abgaben						
Kredittilgung						
Sonstige Ausgaben						
Summe total						

Betriebliche Ausgaben

2. JAHR

Aufwand	Jan.	Febr.	März	April	Mai	Juni
Personalkosten						
Investitionen						
Betriebliche Ausgaben						
Wareneinsatz						
Abgaben						
Kredittilgung						
Sonstige Ausgaben						

Aufwand	Juli	Aug.	Sept.	Okt.	Nov.	Dez.
Personalkosten						
Investitionen						
Betriebliche Ausgaben						
Wareneinsatz						
Abgaben						
Kredittilgung						
Sonstige Ausgaben						
Summe total						

Betriebliche Ausgaben

3. JAHR

Aufwand	Jan.	Febr.	März	April	Mai	Juni
Personalkosten						
Investitionen						
Betriebliche Ausgaben						
Wareneinsatz						
Abgaben						
Kredittilgung						
Sonstige Ausgaben						

Aufwand	Juli	Aug.	Sept.	Okt.	Nov.	Dez.
Personalkosten						
Investitionen						
Betriebliche Ausgaben						
Wareneinsatz						
Abgaben						
Kredittilgung						
Sonstige Ausgaben						
Summe total						

Umsatzplanung

1. Jahr Monat	Umsatz	2. Jahr Monat	Umsatz	3. Jahr Monat	Umsatz
Januar		Januar		Januar	
Februar		Februar		Februar	
März		März		März	
April		April		April	
Mai		Mai		Mai	
Juni		Juni		Juni	
Juli		Juli		Juli	
August		August		August	
September		September		September	
Oktober		Oktober		Oktober	
November		November		November	
Dezember		Dezember		Dezember	
Total		Total		Total	

Finanzierungsplanung

1. Jahr

Kapitalbedarf	Betrag	Tilgung p.a.	Zinsen p.a.	Zinssatz %
Bankdarlehen				
Sonstige Darlehen				
Kreditrahmen				
Subventionen				
Deckungsgrad %	100,00			

2. Jahr

Kapitalbedarf	Betrag	Tilgung p.a.	Zinsen p.a.	Zinssatz %
Bankdarlehen				
Sonstige Darlehen				
Kreditrahmen				
Subventionen				
Summe total				

3. Jahr

Kapitalbedarf	Betrag	Tilgung p.a.	Zinsen p.a.	Zinssatz %
Bankdarlehen				
Sonstige Darlehen				
Kreditrahmen				
Subventionen				
Summe total				

Liquiditätsplanung

1. Jahr

Geldeingänge	**Jan.**	**Febr.**	**März**	**April**	**Mai**	**Juni**
Geplante Umsätze						
Anzahlungen						
Fremdmittel (Darlehen)						
Förderungen, Zuschüsse						
Sonstige Einnahmen						
Geldeingänge ZWS						

Geldeingänge	**Juli**	**Aug.**	**Sept.**	**Okt.**	**Nov.**	**Dez.**
Geplante Umsätze						
Anzahlungen						
Fremdmittel (Darlehen)						
Förderungen, Zuschüsse						
Sonstige Einnahmen						
Summe der Geldeingänge						

Liquiditätsplanung

1. Jahr

Geldausgänge	**Jan.**	**Febr.**	**März**	**April**	**Mai**	**Juni**
Betriebsausgaben						
Tilgung Kredite, Darlehen						
Tilgung Fördermittel						
Sonstige Ausgaben						
Geldausgänge ZWS						

Geldausgänge	**Juli**	**Aug.**	**Sept.**	**Okt.**	**Nov.**	**Dez.**
Betriebsausgaben						
Tilgung Kredite, Darlehen						
Tilgung Fördermittel						
Sonstige Ausgaben						
Summe der Geldausgänge						
Geldeingänge (+)						
Geldausgänge (-)						
Liquidität im 1. Jahr						

Liquiditätsplanung

2. Jahr

Geldeingänge	Jan.	Febr.	März	April	Mai	Juni
Geplante Umsätze						
Anzahlungen						
Fremdmittel (Darlehen)						
Förderungen, Zuschüsse						
Sonstige Einnahmen						
Geldeingänge ZWS						

Geldeingänge	Juli	Aug.	Sept.	Okt.	Nov.	Dez.
Geplante Umsätze						
Anzahlungen						
Fremdmittel (Darlehen)						
Förderungen, Zuschüsse						
Sonstige Einnahmen						
Summe der Geldeingänge						

Liquiditätsplanung

2. Jahr

Geldausgänge	**Jan.**	**Febr.**	**März**	**April**	**Mai**	**Juni**
Betriebsausgaben						
Tilgung Kredite, Darlehen						
Tilgung Fördermittel						
Sonstige Ausgaben						
Geldausgänge ZWS						

Geldausgänge	**Juli**	**Aug.**	**Sept.**	**Okt.**	**Nov.**	**Dez.**
Betriebsausgaben						
Tilgung Kredite, Darlehen						
Tilgung Fördermittel						
Sonstige Ausgaben						
Summe der Geldausgänge						
Geldeingänge (+)						
Geldausgänge (-)						
Liquidität im 2. Jahr						

Liquiditätsplanung

3. Jahr

Geldeingänge	**Jan.**	**Febr.**	**März**	**April**	**Mai**	**Juni**
Geplante Umsätze						
Anzahlungen						
Fremdmittel (Darlehen)						
Förderungen, Zuschüsse						
Sonstige Einnahmen						
Geldeingänge ZWS						

Geldeingänge	**Juli**	**Aug.**	**Sept.**	**Okt.**	**Nov.**	**Dez.**
Geplante Umsätze						
Anzahlungen						
Fremdmittel (Darlehen)						
Förderungen, Zuschüsse						
Sonstige Einnahmen						
Summe der Geldeingänge						

Liquiditätsplanung

3. Jahr

Geldausgänge	**Jan.**	**Febr.**	**März**	**April**	**Mai**	**Juni**
Betriebsausgaben						
Tilgung Kredite, Darlehen						
Tilgung Fördermittel						
Sonstige Ausgaben						
Geldausgänge ZWS						

Geldausgänge	**Juli**	**Aug.**	**Sept.**	**Okt.**	**Nov.**	**Dez.**
Betriebsausgaben						
Tilgung Kredite, Darlehen						
Tilgung Fördermittel						
Sonstige Ausgaben						
Summe der Geldausgänge						
Geldeingänge (+)						
Geldausgänge (-)						
Liquidität im 3. Jahr						

Rentabilitätsvorschau

	Position	**1. Jahr**	**% Umsatz**	**2. Jahr**	**% Umsatz**	**3. Jahr**	**% Umsatz**
	Umsatz						
–	Wareneinsatz						
	Rohertrag I						
–	Personalkosten						
	Rohertrag II						
–	and. Aufwendg.						
	erw. Cashflow						
–	Zinsen						
	Cashflow						
–	Abschreibungen						
	Gewinn/Verlust vor Steuern						

Tragfähigkeit

	Position	**1. Jahr**	**2. Jahr**	**3. Jahr**
	Gewinn			
+	Abschreibung			
–	Tilgung Kredite, Darlehen, Förderungen			
	Summe Einnahmen aus Unternehmertätigkeit			
+	Einnahmen aus Vermietung, Verpachtung			
+	Einnahmen aus Kapitalvermögen			
	Summe der Einnahmen			
–	Summe der privaten Ausgaben			
	Verfügbares Einkommen			

Rentabilitätskennzahlen

Position	1. Jahr	2. Jahr	3. Jahr
Cashflow – Umsatzverdienstrate in %			
Umsatzrentabilität in %			
Eigenkapitalrentabilität			
Gesamtkapitalrentabilität in %			

Kapitalbedarfsplan

Position	1. Jahr	2. Jahr	3. Jahr	Summe
Investitionen in Anlagevermögen				
+ Umlaufvermögen / Wareneinsatz				
+ sonstige Ausgaben (Startphase)				
+ Personalkosten				
+ Zinsen				
+ private Ausgaben				
+ betriebliche Kosten				
+ Beiträge, Abgaben				
+ sonstige Ausgaben				
– Umsatzerlöse				
– Anzahlungen				
– sonstige Einnahmen				
Gesamtkapitalbedarf				

Erarbeiten Sie diesen Businessplan nach Ihren persönlichen Maßstäben und planen Sie unbedingt eine entsprechende Reserve ein.

Kontaktadressen

Bei diesen Kontaktadressen finden Sie Unterstützung bzw. hier wird man Ihre Fragen beantworten.

AHK Paraguay
Deutsch-Paraguayische Industrie- und Handelskammer
Independencia Nacional 811
Casilla de Correo 919
Asunción – PY
Telefon: +595 21 446 594
Telefax: +595 21 449 735
logistica@ahkasu.com.py
www.ahkparaguay.com

Büro in Ciudad del Este:
Kontaktperson Karsten Friedrichsen
Casilla de Correo 194
7000 Ciudad del Este
Telefon: +595 61 570 630
karsten@cde.rieder.net.py

oder im **Projektbüro in Frankfurt**:
Projektkoordinatorin Hispano-Mercosur
Börsenplatz 4
60313 Frankfurt am Main
Deutschland
Telefon: +49 69 2197 1532
Telefax: +49 69 2197 1276

Arbeitsgemeinschaft Paraguay
www.ag-paraguay.com
Arbeitsgemeinschaft paraguayischer und deutscher Unternehmen zur engen Zusammenarbeit mit Ämtern, öffentlichen Institutionen und Einrichtungen in Paraguay; Schwerpunkt Immobilienbranche und Einwandererberatung

Auswärtiges Amt
Bürgerservice
Arbeitseinheit 040
11013 Berlin
www.auswaertiges-amt.de

Botschaft der Republik Paraguay
Hardenbergstr. 12, 2. OG
10623 Berlin
Telefon: + 49 30 3199860
embapyde@t-online.de
www.botschaft-paraguay.de

Botschaft der Bundesrepublik Deutschland
Embajada de la República Federal de Alemania
Av Venezuela 241
Casilla de Correo 471 (Postanschrift)
Asunción
Paraguay
Telefon: + 595 21 214009
www.asuncion.diplo.de

Deutsche Honorarkonsulate in Paraguay

Consul Honorario de la República Federal de Alemania
Calle Jorge Memmel 631
Encarnación
Paraguay
con_alema@itacom.com.py

Consul Honorario de la República Federal de Alemania
Casilla de Correo 1153
Colonia Neuland/Chaco
Paraguay
chaco@neuland.com.py

Deutsch-Südamerikanische Bank AG
Casilla de Correo 196
Asunción
Paraguay
Telefon: + 595 21 445039
Telefax: + 595 21 441268

Einwanderungsbehörde:
Dirección General de Migraciones
Caballero Nº 201 e/ Eligio Ayala
Asunción – Paraguay
Telefon +595 21 446066
Telefax +595 21 446066
e-mail: contacto@migraciones.gov.py
http://www.migraciones.gov.py

Germany Trade and Invest –
Gesellschaft für Außenwirtschaft und Standortmarketing mbH
Friedrichstraße 60
10117 Berlin
www.ixpos.de

Informationsstelle für Auswanderer und Auslandstätige
Postanschrift:
Bundesverwaltungsamt
50728 Köln
Deutschland

Besucheranschrift:
Bundesverwaltungsamt
Barbarastraße 1
50735 Köln
www.bva.bund.de

Justiz- und Arbeitsministerium
Ministerio de Justicia y Trabajo
Avda. Dr. José Gaspar Rodríguez
de Francia esq. Estados Unidos
Telefon: +595 21 493-209
www.mjt.gov.py

Lateinamerika Analysen
c/o Institut für Iberoamerika-Kunde (IIK)
Alsterglacis 8
20354 Hamburg
www.giga-hamburg.de/iik
wissenschaftliche Zeitschrift für gegenwartsbezogene Lateinamerika-Forschung mit Beiträgen in deutscher Sprache und originalsprachigen Dokumenten

Lateinamerikanische Handelskammer in der Schweiz
Talstrasse 11
CH-8001 Zürich
Telefon: + 41 44 272 08 52
admin@latcam.ch
www.latcam.ch

Lateinamerika-Initiative der Deutschen Wirtschaft (LAI)
c/o BDI
Breite Straße 29
10178 Berlin
Telefon: +49 30 2028-1596
Telefax: +49 30 2028-2596
www.bdi-online.de/lai

Honorargeneralkonsulate der Republik Paraguay in Deutschland

Neuer Wall 13
20354 Hamburg
Telefon: + 49 40 88302808
E-Mail: conhonparaguay@aol.com
www.vivaparaguay.de

Robert-Koch-Str. 30a
82031 Grünwald
Telefon: + 49 89 69379526
normastengel@paraguay.de
www.paraguay.de

Yorckstr. 27
14467 Potsdam
Telefon: + 49 331 7047578
Telefax: + 49 331 7048655

Am Hauptbahnhof 2
70173 Stuttgart
Telefon: + 49 711 72233150
Telefax: + 49 711-72233151

Bahnhofstr. 52
65185 Wiesbaden
Telefon: + 49 611 170804
conhonparaguay@dr.staubach.de

Paraguayische Botschaft in Österreich

Botschaft von Paraguay
Prinz-Eugen-Strasse 18/1/2/7
A-1040 Wien
Telefon: +43 1 505-4674
embaparviena@chello.at

Österreichisches Honorarkonsulat in Paraguay
Generalkonsulat von Österreich:
Avda. Aviadores del Chaco 1690. C.d.C. 582
Asunción – Paraguay

Paraguayische Botschaft in der Schweiz
Kramgasse 58
CH-3011 Bern
Telefon: + 31 3 12 32 22
embapar@embapar.ch

Schweizer Botschaft in Paraguay
Juan E. O'Leary 409.
Edif. Parapiti Piso 4 Oficina 423
Casilla de Correo N°552
Asunción – Paraguay
Telefon: 21 448-022 / 490-848
Telefax: 21 445-853
asu.vertretung@eda.admin.ch

Paraguayische Regierung
http://www.presidencia.gov.py

Tipps

Abschließend noch einige wertvolle Tipps für Ihren Alltag in Paraguay:

- Betreten Sie niemals ein fremdes Grundstück, ohne vorher am Gartentor zu klingeln. Fehlt die Glocke, so machen Sie es wie die Einheimischen und klatschen Sie einfach laut in die Hände.
- Werden Sie von einer Polizeistreife angehalten, reichen Sie am besten lächelnd einen Geldschein durchs Fenster. Sie ersparen sich so eine langwierige Fahrzeugkontrolle. Die paraguayische Polizei wird bei einer Routinekontrolle immer fündig!
- Beschäftigen Sie paraguayisches Personal, so achten Sie darauf, die Leute stets fair zu behandeln, dann wird man gerne und gut für Sie arbeiten. Andernfalls kann es passieren, dass sich eine ganze Sippe gegen Sie verschwört.
- Tragen Sie Ihren persönlichen Wohlstand nie öffentlich und provokativ zur Schau!
- Pick Up`s und Jeeps sind in Paraguay sehr gefragte Fahrzeuge. Wenn Sie ein solches Ihr Eigen nennen, parken Sie den Wagen nie in verlassenen Seitenstraßen und sichern Sie ihn besonders nachts gut! Allein in Asunción werden täglich bis zu 100 Fahrzeuge gestohlen und in einer Blitzaktion nach Brasilien verschoben. Die Polizei ist (leider) allzu oft involviert und bietet Ihnen dann gegen viel Geld die Wiederbeschaffung Ihres Eigentums an.
- Falls Sie in einen Unfall verwickelt werden, unabhängig davon, ob Sie Opfer oder Verursacher sind, ist es in jedem Fall von Vorteil, wenn Sie „verletzt“ sind, um erst einmal in einem Krankenhaus versorgt zu werden. Der „Unverletzte“ wandert nämlich bis auf Weiteres ins Gefängnis. Warum? Weil es in Paraguay keine Meldepflicht gibt und man Sie (wenn Sie es nicht wollen) nicht mehr wiederfindet. Also nimmt man Sie vorsichtshalber einmal in Verwahrungshaft, besonders dann, wenn Sie Ausländer sind. Gefängnisse in Paraguay sind nicht einmal für die kurze Zeit zumutbar, die Ihr Anwalt benötigt, um Sie gegen Zahlung mehrerer Hundert Dollar wieder rauszuholen.
- Schließen Sie in Paraguay niemals mündliche Verträge und leisten Sie keinerlei Anzahlung ohne juristischen Beistand. Speziell bei Land- oder Immobilienerwerb gilt es, die Besitzverhältnisse vor Vetragsabschluss genauestens zu prüfen.
- Müssen Sie ins Krankenhaus und haben keine private Krankenversicherung, so ist es in Paraguay Standard, dass Sie die vollen Behandlungskosten tragen

und auch die für Ihre Versorgung notwendigen Mittel (z. B. OP-Besteck, Verbandsmaterial, Medikamente etc.) selbst besorgen und bereitstellen.

- In Paraguay werden Sie keinen Arzt finden, der einen Schwangerschaftsabbruch vornimmt, sofern es dafür keine medizinische Indikation gibt!
- Finden Sie sich damit ab, dass Paraguayer von Natur aus unpünktlich sind – manchmal kommen Sie um Tage zu spät zu einem vereinbarten Termin.
- Werden Sie von Einheimischen zum Essen oder zu einer Fiesta eingeladen, kommen Sie nie mit leeren Händen und erst mindestens eine halbe Stunde nach der vereinbarten Uhrzeit. Alle machen es so!
- Lädt man Sie zu einem Tereré-Umtrunk ein, so ist das ein besonderes Freundschaftssymbol. Beißen Sie die Zähne zusammen und nehmen Sie einen Schluck, auch wenn vor Ihnen schon einige andere an dem Metallröhrchen genuckelt haben. Eine Ablehnung wird in jedem Fall als Beleidigung aufgefasst!
- Dem Alkohol wird in Paraguay reichlich zugesprochen. Denken Sie auch im Straßenverkehr daran. Alkohol am Steuer ist an der Tagesordnung und wird als Kavaliersdelikt behandelt. Wer in Paraguay alkoholisiert einen Unfall verursacht, hat dadurch nicht mehr Probleme als wäre dies im nüchternen Zustand passiert. Bis vor einigen Jahren fuhr man noch ganz offiziell mit der Bierflasche in der Hand. Aus Rücksicht auf die verwunderten Touristen wird die Flasche neuerdings von einer neutralen Papiertüte umhüllt. Der Inhalt ist aber der gleiche geblieben!
- Drogenmissbrauch wird in Paraguay sehr hart bestraft. Eines der wenigen Dinge, die sich auch mit Geld nicht lösen lassen. Da sind selbst Anwälte relativ machtlos.
- Oben ohne bzw. Freikörperkultur ist in Paraguay verpönt. Halten Sie sich daran!
- Verletzen Sie niemals den Stolz eines Paraguayers!
- Wenn Sie innerhalb Paraguays mit dem öffentlichen Bus unterwegs sind, z. B. nach Ciudad del Este, rechnen Sie stets mit Überfällen.
- Kakerlaken gehören zu den Haustieren Paraguays. Trotz peinlichster Sauberkeit ist dem Ungeziefer nicht beizukommen. Sie vermehren sich quasi über Nacht. Die paraguayische Spezies kann zu allem Überfluss auch noch fliegen.

Und nun wünsche ich Ihnen zur Verwirklichung Ihrer Pläne und vor allem für Ihren Neustart in Paraguay alles erdenklich Liebe und Gute!

Ich denke, ich konnte Sie gut vorbereiten, und alles Weitere liegt an Ihrem persönlichen Geschick. Mit der neuen Lebenssituation umzugehen, wird Ihnen anfangs bestimmt nicht immer ganz leichtfallen, aber vielleicht sind es ja gerade die Einheimischen, deren Herzen Sie im Sturm erobern und die dazu beitragen, dass Sie sich in Paraguay trotz zahlreicher Ecken und Kanten wohlfühlen.

Vielleicht kehren Sie auch eines Tages wieder zurück in Ihre alte Heimat. Dann aber in jedem Fall mit einer gehörigen Portion Lebenserfahrung mehr.

Auf meiner Homepage www.ausgewandert.at stehe ich Ihnen auch gerne für weitere Fragen zur Verfügung.

Herzlichst
Ihre Sigrid Steiner

Stil und Etikette in Paraguay – Wie Sie sicher und angemessen auftreten

Die ersten drei Sekunden einer Begegnung entscheiden darüber, wie Menschen aufeinander wirken ... Bei geschäftlichen oder auch privaten Anlässen sicher aufzutreten und sich immer richtig und angemessen zu verhalten, ist schon in heimischen Gefilden nicht immer einfach. Schon in vertrauter Umgebung bieten sich hinreichend Fettnäpfchen, in die man treten kann. Um wie viel brisanter wird es erst, wenn Sie sich nicht auf bekanntem Parkett bewegen, sondern zum Beispiel beruflichen Erfolg in Paraguay anstreben? Wenn Sie Verhandlungen führen mit Gesprächspartnern, die eine ganz andere Vorstellung davon haben, „was sich gehört" und was völlig daneben ist. Auch wenn Sie „nur" Urlaub in Paraguay machen und Land, Menschen und Kultur kennen lernen möchten, sollten Sie natürlich den richtigen Umgangston beherrschen.

Es gibt viele Möglichkeiten anzuecken, aber auch ebenso viele Chancen, Herzen zu gewinnen: In ihrem Ratgeber „Stil und Etikette - Handbuch Paraguay" hilft Autorin Birgit Rupprecht-Stroell bei allen Fragen rund um das richtige Benehmen in diesem Land. Mit viel Sachkenntnis, Erfahrung und Einfühlungsvermögen spricht sie alle Stolpersteine an, die Ihrem privaten oder beruflichen Erfolg hinderlich sein könnten. Ganz praktische Fragen stehen dabei im Vordergrund: Über welche Themen kann ich mit meinem paraguayischen Businesspartner plaudern, um eine angenehme Gesprächssituation zu schaffen? Was sind Tabuthemen? Wie begegne ich als Geschäftsfrau meinem Kollegen beruflich, wie privat? Welche Gastgeschenke sorgen bei einer Einladung in eine paraguayische Familie für ein freundschaftliches Klima und welche kränken womöglich die Gastgeberin?

Birgit Rupprecht-Stroell: Stil und Etikette - Handbuch Paraguay
ISBN 978-3-937887-96-8, 8,00 Euro, 24 Seiten, DIN A4
Verlag interna GmbH, Auguststraße 1, 53229 Bonn
www.verlag-interna.de

Printed in Dunstable, United Kingdom

91218901R00050